KB108533

특허에서
혁신을 꺼내자

특허에서 혁신을 꺼내자

발행일	2018년 12월 14일

지은이	한 규 남		
펴낸이	손 형 국		
펴낸곳	(주)북랩		
편집인	선일영	편집	오경진, 권혁신, 최승헌, 최예은, 김경무
디자인	이현수, 김민하, 한수희, 김윤주, 허지혜	제작	박기성, 황동현, 구성우, 정성배
마케팅	김회란, 박진관, 조하라		
출판등록	2004. 12. 1(제2012-000051호)		
주소	서울시 금천구 가산디지털 1로 168, 우림라이온스밸리 B동 B113, 114호		
홈페이지	www.book.co.kr		
전화번호	(02)2026-5777	팩스	(02)2026-5747

ISBN   979-11-6299-453-5 03320 (종이책)   979-11-6299-454-2 05320 (전자책)

이 도서의 국립중앙도서관 출판예정도서목록(CIP)은 서지정보유통지원시스템 홈페이지(http://seoji.nl.go.kr)와
국가자료공동목록시스템(http://www.nl.go.kr/kolisnet)에서 이용하실 수 있습니다.
(CIP제어번호: CIP2018039702)

성장에 목말라하는 경영자라면
반드시 알아야 할 특허 활용 전략

특허에서
혁신을 꺼내자

기업의 기술개발전략, 기술적 문제 해결안, 응용분야 도출

한규남 지음

북랩 book Lab

혁신은 매력적이고 절실한 화두다. 빠르게 발전하는 사회에서 우리는 혁신적인 아이디어에 목말라하고 있으며, 이를 찾는 다양한 방법이 연구되고 있다. 그러나 여전히 혁신아이디어를 찾는 것은 어렵다.

저자는 특허에 관한 다양한 업무를 경험하면서 특허야말로 보통사람이 손쉽게 혁신에 한걸음 다가갈 수 있도록 하는 도구 중 하나라고 생각하게 되었다.

물론 특허정보만으로 모든 것을 해결할 수는 없으며, 연구자들이 새로운 아이디어를 구하는데 논문, 특허 등 기술 자료를 활용한 것이 새로운 일은 아니다. 그러나 대부분 여러 특허의 정보를 종합적으로 분석하기보다 개개 특허의 기술정보를 단편적으로 이용하는데 그치는 경우가 많다.

특허 정보를 연구개발에 전략적으로 활용하는 방법, 즉 특허로부터 크고 작은 혁신아이디어를 구하는 노력 중 하나가 특허청에서 추진하는 IP-R&D[1] 사업이다. 2000년 후반부터 지금까지 천 건이 넘는 IP-R&D

---

[1] 특허 등의 지적재산권(intellectual property, IP)을 분석하여 R&D를 효율화하는 방법론으로서 특허청 산하의 한국특허전략개발원에서 주도적으로 추진하며 R&D 전략뿐 아니라 문제특허 대응전략, 출원 전략, 기술이전전략 등 지식재산을 바탕으로 총체적인 전략을 제시하는 사업이다.

과제가 수행되었으며 많은 분석 방법과 프레임이 개발되었고 지금도 발전하고 있다.

개발된 특허분석 프레임을 가져다가 쓰면 되지 않을까 하고 생각할 수 있겠지만 이것이 생각보다 어렵다. 각 과제는 기업의 비밀스런 기술, 경영 정보를 포함하고 있어 비공개이거나 제한적으로 공개되므로 세세한 진행과정을 파악할 수 없다. 만약 어떤 성공 사례의 수행방법을 완벽하게 숙지했더라도 그 방식이 다른 과제에 그대로 적용되지는 않는다. 기술 분야가 다른 경우는 말할 것도 없고 동일한 기술 분야에 관한 것이라도 기업의 경영 목표, 기술 수준, 시장위치(market position) 등에 따라 각기 얻고자 하는 혁신이 다르므로 같은 방법론으로 접근하면 그 기업이 원하는 답을 얻을 수 없다.

이 책에서는 기업의 입장에서 원하는 혁신의 유형 즉 지향하는 목표를 구분하고, 각각의 경우 특허로부터 원하는 혁신아이디어를 얻어내는 분석방법과 사례를 정리하였다.[2] 이를 통해 기업이 특허정보를 원활히 활용하고 스스로 적합한 특허분석 방법론을 찾아 혁신아이디어를 얻는 데 도움이 되고자 한다.

---

2 'OS-matrix'* 등 분석 방법을 중심으로 다룬다면 그 방법이 무엇인지는 알 수 있으나 주어진 과제에 어떤 방법이 효율적인지 알기 어렵기 때문이다.

　* OS-matrix: Object(목적) vs. solution(해결수단)을 2차원으로 나타내어 시사점과 새로운 조합을 찾아내는 분석 기법이다.

막 시장에 뛰어든 기업에서부터 글로벌 선도기업에 이르기까지 모든 기업들이 크고 작은 혁신아이디어를 필요로 한다. 기술 중심 사업인 경우 특허로부터 혁신아이디어를 빌릴 수 있으나 상황과 목표에 따라 특허에 의존해야 하는 정도와 특허정보 분석의 난이도는 다를 것이다.

예를 들어, '차세대 개발전략'은 특허뿐 아니라 환경변화와 고객니즈들을 잘 반영해야 하며, 제품에 따라 환경분석이 특허분석보다 훨씬 중요한 경우도 있다. 반면, '기술적 문제점 해결/목표 성능 달성기술'을 찾는 경우는 특허분석으로부터 얻은 기술적 해결안이 대부분 답을 줄 수 있으며 환경분석의 필요성은 낮다. 이와 같이 원하는 바에 따라 특허분석에 의지해야 하는 정도가 다르며 또한 특허분석의 난이도도 다르다.

기업이 원하는 혁신에 따라 특허로부터 아이디어를 찾는 어려움, 아이디어를 실제 비즈니스 해결안으로 적용하는데 다른 요인들을 고려해야 하는 정도가 다름을 이해하고, 이 책을 시작하고자 한다.

목차

PART I

1장

혁신과 특허

지속적으로 혁신해야 하는 기업

유명한 경영학자 마이클 포터에 따르면, 기업이 성장하려면 이익이 나는 시장을 선택해야 하고, 또 이익을 낼 수 있는 위치를 차지해야 한다. 즉 경쟁우위를 차지할 수 있는 '포지셔닝'을 강조했다. 포터의 시대인 1980년대에는 기업이 경쟁우위를 확보하면 오랫동안 그 결실을 누릴 수 있었다. 그러나 1990년대 이후에는 기업 간 경쟁이 심화되면서 일단 경쟁우위를 차지해도 그것을 지속하는 것이 어렵게 되었다. 미국의 40개 산업 6,772개 기업을 대상으로 연구한 결과가 이러한 현상을 명확하게 보여주고 있다.[3] 경쟁우위를 유지하는 기간은 점점 짧아지고 있었고 지속적인 경쟁우위를 실현하는 기업은 전체의 2~5%에 불과했다. 한편, 경쟁우위를 확보했다가 상실했더라도 다시 확보하여 경쟁우위를 이어가는 전략으로 우수한 성과를 내는 기업이 증가하고 있다.

실제로 주변의 모든 기업이 '어떻게 하면 지속적으로 시장에서 수익

---

3 Wiggins, Robert R., and Timolthy W. Ruefli. 2002. "Sustained Competitive Advantage: Temporal Dynamics and the Incidence and Persistence of Superior Economic Performance." Organization Science 13(1): 81·105.; Wiggins, Robert R., and Timolthy W. Ruefli. 2005. "Schumpeter's Ghost:: Is Hypercompetition Making the Best of Times Shorter?" Strategic Management Journal 26(10): 887~911; Wiggins, Robert R., and Timolthy W. Ruefli. 2003. "Industry, Corporate, and Segment Effects and Business Performance: A Non-parametric Approach." Strategic Management Journal 24(9): 861~879

을 창출할 수 있을까?'에 대해 고민하고 있다. 소위 잘 나가는 기업도 예외는 아니다. 세계 100대 기업 리스트에 이름을 올린 위대한 기업들도, 혁신의 대명사로 언급되던 기업들도 10년 후 어떻게 될지 장담할 수 없다.[4]

닌텐도 DS, 닌텐도 Wii는 한때 혁신의 대명사였다. 플레이스테이션 등 게임 마니아층이 중심이었던 게임업계에 큰 파장을 불러일으키며 게임에 관심이 없던 새로운 고객을 끌어들인 대단한 제품이었다. 그러나 그 인기도 생각보다 오래가지는 않았다. 태블릿, 스마트폰 게임이 약진하면서 동력이 약화되었으나, 이후 '포켓몬GO'라는 새로운 혁신을 만들어냈다.

게임 산업은 특히 변화가 빠른 영역이지만, 다소의 차이는 있어도 모든 산업은 기업에게 지속적인 혁신을 요구한다. 기존 제품의 개량, 차기 제품 모델 콘셉트, 새로운 연구테마, 새로운 시장 창출, 신사업 아이디어 등의 혁신을 만들어 내야 경쟁우위를 확보하고 유지할 수 있다.

그렇다면 기업들은 구체적으로 어떤 노력을 하고 있는가?

대기업들은 세계 굴지의 컨설팅 업체에 의뢰하거나, 사내 고급 인력이 대거 참여하는 조직을 운영하여 신 성장 동력 발굴과 새로운 제품 개발을 추진하고 있다. 또한 고객과 사업파트너의 목소리에 귀를 기울여 새

---

4 리먼 브라더스, 모토롤라, 노키아, GM, 소니, 코닥의 공통점은 한때 세계 1위의 위대한 기업이었으나 현재 몰락한 기업들이란 점이다.

로운 사업을 찾아내기도 한다. 그러나 많은 비용과 인력을 투자한다고 해서 좋은 결과가 보장되는 것은 아니다.

혁신적인 기술·제품 아이디어란?

기업들이 찾는 것은 크고 작은 혁신적인 아이디어이다. 혁신적인 아이디어란 기존의 것과 다른 새로운 것이며 기존의 것보다 훨씬 큰 가치를 제공할 수 있는 유용한 것이다.

[새롭다!]

기업이 찾는 것은 기존에 없는 새로운 아이디어이지만, 이 세상에 본질적으로 새로운 것은 없다고 한다. 새로운 것들도 무엇인가를 기초로 시작된 것이다. 현대 가장 위대한 사업가이자 개발자 중의 한 명인 스티브 잡스는 이런 방면의 천재였다. 아이디어를 남들로부터 가져오되, 지금까지 별개였던 것을 결합하고 새로운 관점을 부여하여 커다란 부가가치를 창출했다. 위대한 과학적 발명도 마찬가지다. 아이작 뉴턴은 '더 멀리 보기 위해 거인들의 어깨에 올라탔다'는 말로 앞선 학자들의 지식을 이용했음을 멋지게 표현했으며, 아인슈타인 또한 '창의성의 비밀은 그 원천을 숨기는 방법을 아는 데 있다'라고 말했다.

이와 같이, 위대한 혁신도 알고 보면 알려진 것들의 결합이거나 약간 개선한 정도인 경우가 많다. 여기저기 떨어져 있는 혁신의 원천을 찾아내어 창조적으로 결합할 방법을 찾아내는 것이 중요하다. 운이 좋다면,

나와 다른 분야의 누군가가 내가 찾고자 하는 것을 먼저 고민하고 해결책까지 만들어 놓았을 가능성도 있다. 나는 그것을 가져다가 상황에 맞게 살짝 변형하기만 하면 된다. 다만, 땅속에 묻힌 보석을 캐내는 것처럼 혁신아이디어를 얻는데도 찾아내려는 노력과 적절한 방법이 필요하다.

[유용하다!]

혁신이 '새롭다'는 측면만 있다면 쉬울 것이다. 획기적으로 새로운 많은 것들이 시장에 나가지도 못하거나 시장에 진출했더라도 고객에게 외면당하는 경우가 많다. 혁신은 새로울 뿐 아니라 고객에게 가치를 제공할 수 있는 유용한 것이어야 한다.

따라서 새로운 아이디어가 있다면 그 유용성을 검토해 보아야 한다. 유용성을 판단하는 기준은 산업마다 제품마다 다르다. 명백하게 그 시장에서 요구하고 있는 특성 외에도 고객의 숨겨진 니즈와 사회의 발전 방향 등을 고려해야 미래지향적인 유용성을 제대로 판단할 수 있을 것이다.

혁신의 종류

점진적 혁신(incremental innovation)의 특징

- 기존 시스템의 개선
- 비용 절감이나 품질개선
- 주로 수요자, 시장에 의해서 주도
- 동종 분야의 기술 범위 내에서 일어나는 혁신
- 불확실성 낮으나 큰 도약은 어려움
- 파급효과는 비교적 작음

급진적 혁신(radical innovation)의 특징

- 작동 원리가 다른 기술시스템으로 대체 되는 것
- 신제품 또는 새로운 비즈니스 모델의 개발
- 기술이 주도하는 혁신
- 이종 분야 기술들의 융합
- 불확실성 높으나 큰 성공, 커다란 도약을 이룰 수 있음
- 기술 파급효과 큼

파괴적 혁신(disruptive innovation)의 특징

- 선도기업의 기존 기술에 비해 성능이 낮은 기술로 출발
- 우선 요구수준이 낮고 가격에 민감한 고객을 공략
- 결국 선도기업의 기술을 대체

혁신적인 아이디어는 어떻게 찾을 수 있을까?

어느 날 갑자기 섬광처럼 연구개발 아이디어나 사업 아이템이 떠오르기만을 기대할 수는 없으므로 시작점이 필요하다. 가깝게는 경쟁사의 기술이나 제품, 유사한 테마를 연구한 논문이나 특허를 들 수 있으며, 때로는 전혀 상관이 없는 자연물, 연극, 집안의 소품과 일상의 경험 등으로부터도 아이디어를 구할 수 있다. 소비자에게 묻거나 소비자의 행동을 분석하여 숨겨져 있는 아이디어의 씨앗을 찾기도 한다. 아이디어의 원천은 제한이 없으며 새로운 아이디어를 찾는 방법에 대해 많은 연구가 진행 중이다.

아이디어를 찾는 방법은 직관적인 방법과 분석적인 방법으로 구분해 볼 수 있다. 직관적 방법은 주로 통찰력이 있는 천재와 대가들의 방법이며, 대표주자로 에디슨을 들 수 있다. 에디슨은 연구개발을 하다가 벽에 부딪히면 어두운 방으로 들어가 손에 쇠구슬을 들고 수면과 유사한 명상에 잠겨 창의적인 아이디어를 구했다고 한다. 논리와 이성이 지배하는 의식의 경계를 넘되 깊은 잠에 빠지면 아이디어를 기억할 수 없으므로 쇠구슬이 떨어지는 소리에 깨어나 무의식이 알려주는 혁신적인 아이디어를 잡아내었다.

직관적인 방법으로 획기적인 아이디어를 도출할 수 있으나, 아무나

가능하지는 않다. 일반인도 훈련과 노력에 의해 직관, 통찰력을 향상시킬 수는 있으나 사람마다 편차가 크며 아이디를 구했어도 과정과 근거가 부족하여 여러 사람의 합의를 끌어내기 어렵다는 문제가 있다.

반면, 분석적인 방법은 논리와 이성, 데이터에 기초한 방법이다. 시장, 고객, 제품, 기술 등에 관한 분류와 정보를 분석하여 논리적인 결론을 도출한다. 직관적인 방법과 장단점은 정반대이다.

특허라는 혁신의 원천

분석적인 방법으로 혁신아이디어를 도출하려면 질 좋은 정보가 필요하다. 거의 모든 분야의 지식이 모여 있는 정보의 집합체를 사용할 수 있다면 어떠한가?

특허[5]는 인류의 지혜와 지식이 집약된 지적 산출물이 잘 정리되어 있는 보물창고라고 할 수 있다. 농업에서 천문, 전자, 의약, 심지어는 청소용품이나 강아지 집 설계에 이르기까지 모든 기술 분야를 포괄하고 있으며 전 세계에서 매년 수백만 건이[6] 출원되고 있다.

게다가 매우 체계적인 시스템에 의해 분류되어 있어 분류코드나 키워드로 원하는 정보를 찾아 모을 수 있으며 다양한 분석이 가능한 지표를 포함하고 있다.

이 책은 다양한 아이디어의 원천 중 특허 문헌을 이용하는 것을 다루고자 한다.

---

5 특허는 법적인 정보와 기술 정보를 가지고 있으나 이 책에서는 기술에 관한 정보에 집중한다.

6 세계지식재산기구(WIPO)에 의하면 2015년에 출원된 전 세계 특허출원은 약 290만 건이며, 전년 대비 7.8% 증가했다.

특허의 한계

특허가 훌륭한 혁신의 원천이 분명함에도 특허분석을 통해 얻어내는 결과에 한계가 있다. 혁신은 좋은 아이디어와 기술만으로 성공시킬 수 없다. 기술 외에도 소비자의 인식, 경쟁자, 주변 기술, 사회변화, 규제 등 다양한 요인에 의해 영향을 받는다.

특히, 환경 변화가 크고 기술보다는 소비자의 감성적 니즈 충족이 중요한 분야는 특허로부터 분석한 과거의 기술개발 정보를 근거로 도출한 전략이 효과적이지 않을 수 있다. 이러한 분야라고 판단되면, 특허분석 이외에 전문가를 활용하는 방법, 미래 트렌드를 읽는 방법 등 직관적인 방법을 도입하여 특허분석의 한계를 보완해야 하는 것이 바람직하다.

즉, 직관적인 방법과 분석적인 방법을 상호보완적으로 활용하는 것이 좋다.[7]

---

7 이 책에서는 특허를 이용한 분석적인 방법을 중심으로 하되, 기술보다 외부 환경의 변화에 영향을 많이 받는 분야 등 필요한 경우 직관의 도움으로 시장니즈, 환경변화 등을 파악하여 전략 방향을 정하는 방법도 소개한다.

특허를 전략적으로 활용하는 IP-R&D

과거엔 IP(Intellectual property, 특허 등의 지식재산)는 R&D의 결과물이었으나, 이제는 그렇게만 생각하지 않는다. 특허분쟁이 빈번하고 소송의 결과에 따라 오고가는 돈이 천문학적 규모로 커지면서 무형자산인 특허 자체가 중요하기도 하지만, 특허에 담겨있는 기술정보와 경영정보 등을 R&D 전략에 반영하면 R&D 시간을 단축하고 더 좋은 결과를 얻을 수 있기 때문이다.

IP-R&D는 R&D를 효율적으로 하기 위해 우선 IP를 분석하는 방법을 체계화한 것으로서, 한국특허전략개발원(KISTA)을 중심으로 수년간 기업, 대학, 공공연구기관을 대상으로 천 건이 넘는 과제가 수행되었다.

IP-R&D 과제는 혁신적인 아이디어를 도출하는 것 외에도 아이디어를 전략적으로 권리화하고 사업에 장애가 되는 특허에 대한 현실적인 대응전략을 제시하며, 고객의 니즈와 과제의 성격에 따라 라이센싱 전략, 비즈니스 모델 개발 등의 다양한 모듈을 수행한다. 이 책에서는 IP-R&D 과제 중, 혁신아이디어 발굴 즉, R&D 전략 도출을 다루고 있다.

2장

혁신을 위한 준비

원하는 혁신의 유형 정하기

우리가 원하는 혁신이 어떤 것인지 명확해야 그것을 특허로부터 얻어 낼 수 있는지 어떤 방법으로 찾을 수 있는지 구체화할 수 있다. '우리 회사의 신제품 개발을 위해 관련 특허를 검토하고 전략을 세워보자.' 정 도로는 목표가 무엇이며 어떤 결과물을 원하는지 모호하다.

원하는 혁신이 잘 정리되어 있지 않은 경우, 성급하게 분석을 시작하 지 말고 내·외부 환경과 개발전략을 고려하여 신중하게 분석 전략을 정 해야 한다.

예를 들어, 후발주자로서 따라잡아야 할 벤치마킹 대상이 확실하거 나 해결해야 할 기술적 문제점이나 목표 성능이 정해졌다면 그 기술을 찾는 것에 집중하면 된다. 반면 차세대 개발 콘셉트, 보유기술의 새로운 응용분야, 새롭게 시도하는 과제의 설계, 신사업 기획 등은 세부 기술이 아니라 방향성을 찾는 것이 중요하므로 다르게 접근해야 한다.

또한 신제품 개발이 목표인 경우에도 혁신적인 기술을 도입하는 것까 지 고려하고 있는지 기존 기술의 범주에서 움직이는 점진적인 개량인지, 목표하는 시장이 기존 시장인지 새로운 시장인지에 따라서도 분석의 범 위와 방법이 달라진다.

기업이 원하는 혁신을 다음과 같이 구분해 보았다.

선도 기술 벤치마킹(가장 좋은 제품/기술 따라잡기)

시장을 선도하는 압도적인 기업이나 연구개발 주체가 명확하고 단기적으로 그들의 기술을 벤치마킹하는 전략으로도 살아남을 수 있는 후발주자인 경우, 기존 기술과 기존 시장의 테두리에서 특허로부터 선도 기술의 핵심을 파악하고자 하는 전략이다.[8] 선도 기술을 벤치마킹하는 전략으로는 남보다 앞서기 어려우므로 단기적인 전략이며, 중장기적으로는 경쟁우위를 차지할 수 있는 방안을 도출해야 한다.

신규 과제 R&D 방향

새롭게 시작하는 기술·제품이 정해졌으나 기술개발전략을 수립하기 전이라면, 관련 분야의 특허를 분석하여 해당 분야의 기술을 전반적으로 파악함으로써 시행착오를 줄이고, 효과적인 개발전략을 빠르게 찾을 수 있다.

기술적 문제의 해결안

R&D의 방향은 이미 정해졌으며 연구개발이 어느 정도 진행되어 성능, 생산성, 신뢰성, 경제성 등 해결해야 할 문제점이 드러난 경우, 기술

---

8 선도 기술을 그대로 모방하는 경우 특허분쟁에 휘말릴 수 있는지에 대한 검토가 필요하다.

적으로 이러한 문제점을 해결하고자 하는 전략이다. 표면에 드러난 문제에 대한 해결안을 기존 기술 분야에서 찾을 수도 있고, 숨어 있는 근본적인 문제를 찾아내어 다른 기술 분야까지 확장하여 해결책을 찾아볼 수도 있다. 핵심에 접근하는 내재되어 있는 문제점을 찾을수록, 다양한 분야로부터 해결책을 찾을수록 혁신적인 해답이 될 가능성이 높다.

목표 성능 구현

경쟁우위를 확보할 수 있는 목표 성능, 개발스펙이 결정되었으나 이를 달성할 수 있는 기술을 알지 못하는 경우, 특허를 분석하여 목표 성능을 달성할 수 있는 기술을 찾는 전략이다. 목표 성능을 달성하면 시장에서 성공할 수 있다는 분석과 판단이 선행되어야 한다.

차세대 개발 콘셉트

현재 시장에 판매되는 경쟁사 또는 자사의 제품이 있으나 미래 시장에서 이들보다 경쟁력이 높은 제품을 개발하고자 하는 전략이다. 제품의 성능을 한층 향상 시키거나 더 편리하게, 더 싸게, 더 아름답게, 또는 더욱 기능적으로 만들 수 있는 방안을 찾아야 한다.

새로운 응용분야

소재, 부품 등 다양한 제품에 응용될 수 있는 요소 기술을 보유한 경우, 이를 활용할 수 있는 기존 시장이나 새로운 시장을 찾는 전략이다.

(참고) 신사업 기획

현재의 사업 분야와 거리가 있는 새로운 신 성장 동력을 찾아 사업을
확장하려는 경우에 해당한다. 특히 신사업 기획은 기술 이외에 다양한
요소를 고려해야 하므로 특허분석에만 의존하면 안 된다. 특허 정보는
과거의 데이터에 기반하며 주로 기술적인 정보를 다루고 있어 현재 급변
하는 환경을 반영하지 못하기 때문이다. 따라서 특허분석에 앞서 전략
수립에 고려할 정보들(경쟁사로부터 얻은 정보, 시장의 최신 동향, 원료/부품 수
급동향 등)을 충분히 검토하고 문제점을 통찰하여 특허분석 관점을 정해
야 하며 특허분석 결과를 얻은 후에도, 정보의 행간을 읽고 다양한 환
경요인을 고려하여 전략을 성숙시켜야 한다.

다음의 그림은 앞서 설명한 혁신의 유형을 기술과 시장(고객) 관점에서
현 제품과 다른 정도에 따라 구분해 본 것이다. '선도 기술 벤치마킹'은
기존 시장과 기존 기술을 이용하는 전략이며, '기술적 문제 해결안'과 '목
표 성능 구현기술'은 기존의 시장 틀에서 새로운 기술까지 영역을 확장
해 답을 찾는 전략이다. 새로운 응용분야는 기존 기술을 주로 이용하되
새로운 시장을 찾는 전략이라고 할 수 있다. 그러나 이러한 구분은 절대
적인 것은 아니다. 신사업 기획이 기존 기술에 주로 의존하는 것일 수도
있고, 차세대 제품 개발 콘셉트가 기존과는 조금 다른 시장을 타겟으
로 할 수도 있다.

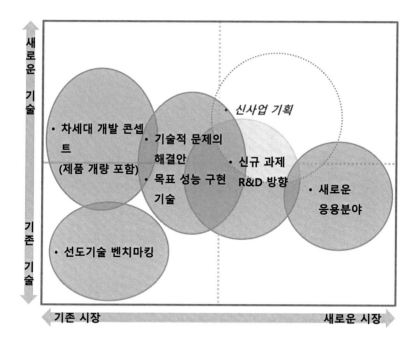

정의한 혁신 유형 중에는 특허분석으로 혁신아이디어를 찾는 것이 더 적합한 것도 있고 상대적으로 덜 적합한 것도 있다. 대체로 문제가 잘 정의되고 기존 카테고리 안에서 해결방안을 찾으려고 하는 경우 특허를 이용한 분석적인 접근이 쉽고 효과적이다.

반면 현재의 기술과 시장에서 멀리 있는 것을 찾으려고 할수록, 시장의 니즈에 대한 통찰력이 요구되므로 과거의 데이터인 특허만으로 해결방안을 도출하는 것이 바람직하지 않다.

원하는 것은 무엇인가? 어떤 카테고리에 속하는가?

특허에서 꺼낼 수 있는 정보

원하는 바를 명확히 했다면, 이제 특허에 포함된 데이터와 이것을 분석하여 얻을 수 있는 정보를 정리해보자. R&D 전략이나 기술적인 해결안 등을 얻으려면 특허로부터 꺼내올 수 있는 다양한 정보를 종합하고 통찰력을 더해야 한다. 특허를 분석하여 객관적으로 알아낼 수 있는 것은 다음과 같다.

각 개별 특허

- 특허에서 해결하거나 개선한 문제점과 그 문제점을 해결한 방법

- 특허에서 실시한 실험 조건(조성, 방법, 사용원료 등)

- 특허에서 달성한 성능 수준

- 특허의 기술이 응용되는 분야

- 그 특허가 참조한 기술(특허, 논문 등)

- 특허를 개발한 기업/기관

- 해당 기술을 개발한 시점

유사 기술에 관한 특허 집합

- 핵심기술개발 동향(연도별 기술 흐름, 집중 연구 시기 등)
- 핵심기술을 연구하는 기업/기관
- 기술적으로 해결하고자 하는 과제(문제점)의 트렌드
- 기술과제의 해결수단 트렌드
- 아직 연구되지 않는 세부 공백 기술
- 집중 연구 기술
- 기술별 응용분야

출원인별 특허 집합

- 각 기업/기관별 핵심 보유 기술, 개발 기술
- 각 기업/기관이 해결하고자 하는 기술 과제/목표
- 각 기업/기관이 연구개발을 집중한 시기
- 각 기업/기관의 연구개발 연속성
- 각 기업/기관의 타겟 시장

개별 특허의 분석에는 특별한 기법이 필요 없다. 기술 전문가가 성능을 구현하는 기술이나, 문제점에 대한 해결안 등을 찾아내고 기술의 '효용', '적용 가능성' 등을 판단하여 R&D에 적용할 수 있다.

한편 특허들을 기술이나 출원인 등의 주제별로 묶어서 분석하면 기술개발의 트렌드, 해결방안의 최신 트렌드, 공백 기술 등을 알아낼 수 있다. 이러한 방식은 분석의 관점과 분석 항목을 잘 구성하는 것이 핵심이며, 정량적 혹은 통계적인 분석 방법이라고 할 수 있다.

혁신의 유형별 특허분석 범위

혁신의 유형 즉 기업이 추구하는 혁신의 목표와 이를 달성하기 위한 특허분석 범위를 정리하면 아래와 같다. 구체적인 분석방법과 사례는 PART Ⅱ에서 설명한다.

선도기술 벤치마킹

- 벤치마킹 대상 출원인의 특허/우수 특허에서
- 따라 하고자 하는 우수한 기술의 내용과, 구현 방법 도출

신규 과제 R&D 방향

- 해당 과제 기술 분야의 특허에서
- 핵심 기술 요소, 목표 성능, 핵심 연구개발 테마 도출

기술적 문제의 해결안

- 해당 문제점을 다루는 분야의 특허에서
- 해결방법의 기술의 내용과, 구현 방법 도출

목표 성능 구현 기술

- 해당 목표 성능이 언급된 특허에서

- 성능 달성 기술의 내용과, 구현 방법 도출

차세대 개발 콘셉트

- 관련 분야/유사 분야의 특허에서

- 개발 트렌드, 공백 영역 등 도출

※ 콘셉트의 방향이 타당한지 판단 위해 특허 이외 정보의 비중도 상당

새로운 응용분야

- 해당 소재나 부품에 관한 특허에서

- 언급된 응용제품 정보를 분석

특허분석 범위 정하기_ 범주 확장하기

혁신아이디어를 원할 때 대부분은 해당 과제가 속한 기술 분야에서 답을 찾는다. 익숙하고 바로 적용할 수 있기 때문이다. 그러나 동일한 분야에서 아이디어를 빌리면 경쟁자가 이미 찾아놓은 답을 뒤쫓는 수준에 머물거나 혁신성이 낮을 가능성이 높다. 게다가 특허 침해 문제가 발생할 수도 있고 'copycat'이라는 비난을 받을 수도 있다.

반면, 거리가 먼 분야로부터 얻은 아이디어는 경쟁자가 미처 생각하지 못한 혁신적인 것일 가능성이 높고 비교적 특허 침해 문제로부터도 자유롭다. 그러나 이질적인 분야에서 아이디어를 찾는 것은 훨씬 어렵고 대개 바로 적용하기도 어렵다. 해당 기술과 제품에 적합하도록 수정이 필요하다.

전혀 다른 분야에서 원하는 아이디어를 구할 수 있을까 의문이 들 수도 있다. 그러나 유사/동일한 기능이 여러 산업분야에 활용되는 경우가 많고, 구체적인 기술은 다르지만 근본적으로 동일한 문제를 여러 분야에서 다루기도 한다. 예를 들어, 초고층 건축물 설계에서 해결해야 하는 문제가 어떤 제조 장치에서도 중요하게 다뤄지는 문제일 수가 있다.

러시아에서 개발된 창의적 문제해결 방법론인 TRIZ도 이러한 사고에서 개발되었다. 수많은 특허분석 결과, 해결하고자 하는 문제의 유형이 같으면 기술 분야가 다르더라도 같은 방식으로 해결할 수 있음을 파악하고 특허의 문제 유형을 체계적으로 분류하였다. 각 문제유형에 대해 해결방안을 정리하여 효과적으로 해결책을 찾을 수 있도록 하였다.

또한 관심 기술이 기술수명주기의 초기 단계인데 유사한 성숙 단계의 기술이 있다면 성숙 기술의 발전 과정을 분석하여 훌륭한 개발 아이디어를 찾을 수도 있다. 두 기술의 구성, 기능과 목적이 비슷하면 발전 과정과 기술적인 문제점 등도 상당히 일치할 가능성이 높기 때문에 성숙 기술을 분석하는 것은 타임머신을 타고 가서 미래를 보고 오는 것과 같다.

즉 찾고자 하는 혁신의 수준, 해결하고자 하는 과제의 특징을 고려하여 특허분석 범위를 정해야 한다. 특히 기술적인 문제점과 성능 구현 기술을 찾는 것을 목적으로 하는 경우 기술 분야를 한정하지 않고 기능(function) 중심으로 검색범위를 정할 수 있다.[9]

---

9 FOS(function oriented search)라고 한다. 예를 들어 '세포배양 3차원 나노 지지체'라는 특정 기술적인 용어 대신 개선하고자 하는 기능에 집중한다. 지지체에 붙어 배양이 끝난 세포를 손상 없이 잘 분리할 수 있는 기능이 문제라면 '미세구조', '입자', '분리' 등보다 일반적인 용어를 사용하여 유사한 문제를 다룬 다른 분야의 정보까지 찾을 수 있다.

핵심 문제 찾기

해결해야 할 문제는 무엇인가? 문제를 정확히 파악했다는 것은 과제를 추진할 방향이 정해졌다는 것을 의미한다.

아인슈타인은 문제를 푸는데 1시간이 주어진다면 45분은 문제를 분석하고 10분은 분석한 것을 다시 리뷰하고 남은 5분 동안 해결책을 구하는데 사용하겠다고 했다. 그만큼 문제를 제대로 파악하는 것이 중요하고 어렵다는 뜻이다. 고수는 동일한 문제 상황에서 평범한 사람과는 다른 문제를 찾아낸다. 표면에 드러난 문제는 근본적인 것이 아니어서 해결한다고 해도 막대한 비용이 필요하거나 해결책이 임시방편이거나, 또 다른 문제를 발생시킬 수 있다. 내부에 깊숙이 자리한 본질적인 문제점을 찾아내면 문제 상황을 근본적으로 경제적으로 해결할 수 있는 경우가 많다. 아이슈타인이 '문제의 정의가 문제 해결보다 훨씬 본질적이다.'라고 했듯이, 본질적인 문제점을 명확히 정의하고 나면 해결책을 구하는 것은 생각보다 쉬운 경우가 많다.

숨어 있는 문제를 찾으려면 통찰력과 끈기가 필요하다. 아인슈타인과 같은 천재는 직관적으로 찾아낼 수도 있겠으나 시스템을 체계적으로 분석하면 보통 사람들도 근본적인 문제를 찾아낼 수 있을 것이다.

이에 관해 실제 특허분석 과제에 사용되었으며, 활용이 용이한 몇 가지 방법을 간단히 소개한다. 만약 근본적인 문제점이 분명하다면 바로 문제해결로 들어가면 되지만 내가 생각하고 있는 문제가 근본적인 것인지 점검해볼 필요가 있다.

[현재 제품의 한계 요인을 찾기 위한 기술시스템의 구성요소 분석]

기술시스템은 구성 부품, 공정단계 등의 서브시스템(세부 기술)으로 구성되어 있다. 각 서브시스템마다 기대되는 성능이나 역할이 있는데, 어떤 요인으로 인해 기대에 미치지 못하고 심지어 부작용이 상당한 경우가 있다. 바로 그 서브시스템을 개선하면 전체 제품의 경쟁력을 높일 수 있다.[10]

세부 기술 즉 서브시스템으로 나누어 차근차근 살펴보면 이러한 한계점이 발생하는 세부 기술과 근본 원인을 찾아내기 용이하다. 방법은 다음과 같으며 실제 사례는 5장에서 설명한다.

- 기술·제품을 구성 부품, 공정단계 등의 세부 기술로 나눈다.
- 각 세부 기술의 이상적인 역할과 성능을 도출한다.
- 각 세부 기술의 현재 성능과 그 구성요소로 인해 발생하는 부작용이 있는지 검토한다.

---

10 전체 기술시스템의 성능을 제한하고 시스템의 발전을 저해하는 서브시스템을 기술장애 요인(Reverse Salient, RS)라고 한다. 기술시스템이 예상되는 성능을 발휘하기 위해서는, RS가 해결되어야 한다.

- 각 세부 기술의 이상적인 역할/성능과 현재의 성능/부작용을 비교하고 차이가 발생하는 원인을 도출한다.
- 원인이 되는 기술적 문제점을 해결하려면 어떤 기능(function)이 향상되거나 추가되어야 하는지 정의한다.
- 원하는 기능을 특허에서 조사하여 적용한다.

[문제점을 심화하는 Root Cause Analysis(RCA)]

- RCA는 질문을 계속하여 근본적인 원인, 즉 문제의 뿌리를 찾는 방법이다. 표면적인 문제를 찾은 후 그 문제를 바로 해결하는 것이 아니다. 표면적인 문제 A의 발생하는 원인을 찾는다. 보다 근본적인 원인 B가 도출되었다면, B가 발생하는 더 근본적인 원인이 있는지 찾아본다. 더욱 근본적인 원인 C가 도출되었다면, 원인 C가 발생하는 원인이 있는지 살펴본다. 이런 식으로 근본적인 문제점을 찾아낸다.

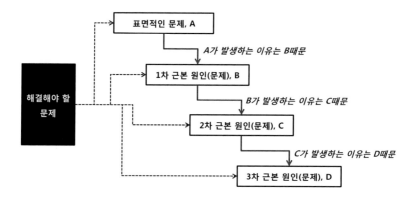

- 어떠한 문제를 풀지는 선택의 문제이나, 대체로 근본적인 문제를 해결할수록, 효율적이고 부작용이 적다.

혁신성

혁신성이 높은 답을 얻으려면, 더 많은 노력이 필요하다. 해결하고자 하는 과제를 깊게 탐구하여 근본적인 문제점을 도출할수록 높은 혁신성이 기대된다. 또한, 과제가 속한 기술과 이질성이 큰 다른 기술 분야에서 답을 찾을수록 혁신적인 답을 찾을 가능성이 높아진다.[11]

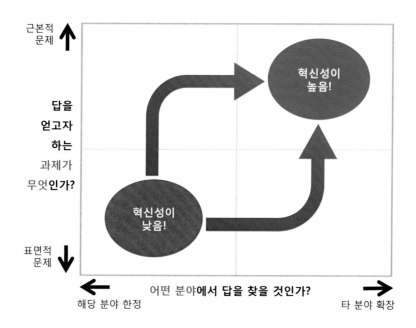

---

11 이질적인 분야에서 찾은 답은 과제 분야에서 찾은 답에 비해 혁신적일 가능성은 높으나, 적용하려면 해당 과제 분야에 맞도록 수정하는 노력이 더 필요하다.

PART II

3장
선도 기술 따라잡기

선도 업체의 개발전략 알아내기: 기술과제/해결수단 분석
공정기술 빠르게 확보하기
제품기술 빠르게 확보하기
선도기업의 제품 적용 기술 알아내기

최초 시장진입자의 프리미엄도 있지만 후발주자라고 해도 크게 실망할 것은 없다. 아담 드랜트의 저서 '오리지널스'에서 소개한 개척자(pioneer) 기업과 정착자(settler) 기업의 성공률에 대한 연구에 의하면, 특정 제품을 처음 개발하여 판매한 회사인 개척자의 실패율은 47%, 개척자들이 시장을 조성한 후에 진입한 정착자의 실패율은 8%였다.[12]

당신이 후발주자이고, 기술과 시장을 주도하는 선도기업이 분명하다면 특허분석을 통해 선도기업의 전략과 기술을 파악하고 경쟁우위를 차지할 수 있도록 개량할 수 있다. 특히, 과제를 선정하고 구체적인 개발전략을 수립하는 기획단계라면, 여러 가지 선택 가능한 개발방향 중 선도기업들이 무엇에 연구개발을 집중하고 있는지 파악하고 본인의 전략을 수립할 필요가 있다.

후발주자들이 선도기업들의 기술에 대해 알고 싶은 사항들은 다음과 같다.
- 선도기업의 개발전략(이 분야의 핵심적인 기술과제와 그것을 해결하는 수단 등)
- 선도기업의 제조 공정이나 제품 설계에 관한 세부 기술
- 여러 가지 선택 가능한 기술 중 선도기업이 제품에 채용될 가능성이 높은 세부 기술

후발주자가 선도기업의 전략 방향을 파악하지 못했다면 그들이 집중

---

12 『오리지널스(Originals), 애덤 그랜트(Adam Grant), 한국경제신문사, p182

하는 핵심과제와 해결수단이 무엇인지 파악하는 것이 우선이다. 핵심과제와 해결수단이 무엇인지 이미 알고 있다면, 그 과제를 해결하기 위한 해결수단의 세부적인 기술 즉 제조공정 조건이나 설계스펙을 상세히 파악하고자 할 것이다. 또한 여러 가지 정보로부터 파악한 개발방향이 다양하여 어떤 방향을 선택해야 하는지 고민이 된다면 특허를 분석하여 선도기업이 채택할 가능성이 높은 기술을 알아낼 수 있다.

이를 위해 특허의 기술을 하나하나 정성적으로 검토하는 것도 가능하나, 특허의 수가 많아 일일이 세부기술을 검토하기 어렵고 정성적 검토 과정에 주관적인 판단 오류를 범하게 될 가능성도 있다. 따라서 우선 관련 특허 전체를 정량적으로 분석하고 중요한 것을 찾아 자세하게 정성적으로 분석하는 것이 더 좋다.

이번 장은 선도기업보다 앞서나가기 위한 것이 아니라 선도 기술의 장점을 빠르게 취하여 생존에 유리한 방향을 설정을 하는 것이 목표이다. 물론 선도기업을 기술을 따라 하는 것만으로 경쟁력을 얻기 어려우며 특허분쟁의 우려도 있다. 중간 단계의 전략으로서 명백히 앞서가는 기술을 빠르게 따라 할 필요가 있으며 특허분쟁 우려가 낮은 경우 이러한 접근이 유용하다. 선도 기술과 차별화된 경쟁력 있는 기술의 개발을 원할 때는 6장의 '차세대 개발전략 구하기'를 참조한다.

선도 업체의 개발전략 알아내기:
기술과제/해결수단 분석

선도기업의 개발전략을 벤치마킹하고자 한다면 구체적으로 그들이 어떤 성능과 문제점 해결에 집중하는지(기술과제), 그것을 달성하기 위한 기술 수단(해결수단)이 무엇인지를 알아보는 것이 효과적이다.

기술과제와 해결수단은 특허에 잘 나타나 있다. 각 특허의 논리 구성은 아래 그림과 같다. '어떤 기술·제품에 해결해야 하는 문제점이 있거나 성능개선이 필요한데 지금까지의 기술로는 불충분하거나 불가능했다. 본 특허의 기술에 의하면 문제점을 해결하거나 성능을 개선할 수 있으며 그 기술구성과 효과는 이러하다.'라고 표현되어 있다. 즉, 해결하고자 하는 기술과제와 그것을 해결한 방법/수단이 나타나 있으므로 선도기업의 특허에서 이러한 내용을 잘 분석하면 선도기업의 기술개발전략을 파악할 수 있다.

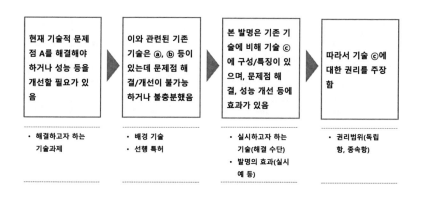

기술과제와 해결수단의 분석은 연구개발 기획단계나 사업화 단계에 모두 유용하다. 어느 정도 기본 기술을 확보했거나 제품을 판매하고 있으나 선도기업의 제품과 격차가 크다면, 선도기업이 집중하는 기술과제와 해결수단을 바탕으로 하여 격차를 줄이는 개발전략을 수립할 수 있다. 기획 단계부터 선도기업의 기술과제와 해결수단을 면밀히 분석하면 제품의 기본 설계 방향을 정하는데 도움이 된다.

우선 분석할 선도기업들을 정한다. 선도기업의 관련 특허를 모아 각 특허에서 다루는 문제점, 성능개선, 편리함이나 경제성 개선 등이 무엇인지 찾는다. 이것이 '기술과제'이며 주로 특허의 도입부에 서술되어 있다. 해결수단은 주로 청구항에 있으며 기술의 세부 내용은 발명의 상세한 설명, 실시예에 설명되어 있다.

특허에서 다루는 기술과제와 해결수단 중에는 상대적으로 중요하지 않은 것도 있으며 과거에는 중요했으나 지금은 중요하지 않은 것도 많다. 따라서 여러 특허의 기술과제와 해결수단 동향을 분석하여 현재 가장 중요한 것이 무엇인지 파악해야 한다.

얻어진 항목을 기본으로 하여 개념을 확장하거나 세분화하여 빠짐없고 체계적인 틀을 만들고 각 특허에서 다루는 기술과제와 해결수단을 일목요연하게 정리한다.

여러 특허에서 추출한 기술과제와 해결수단을 다양한 관점으로 도표화하여 시사점을 찾아내고 방향이 특정되면 관련 세부기술을 집중적으로 분석한다.

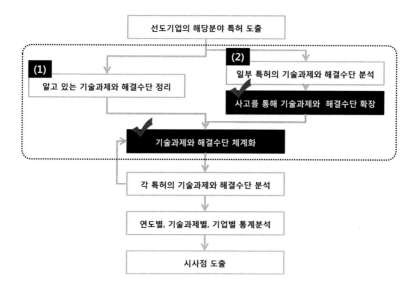

특허로부터 기술과제와 해결수단을 분석하는 실행 방법

각 특허에는 기술과제와 해결수단이 다양한 언어로 표현되어 있다. 트렌드를 분석하려면 다른 표현이나 같은 의미인 것은 용어를 통일하여 하나로 분석할 필요가 있다.

- 이 분야의 기술과제들과 해결수단들을 알고 있으나 이 중에서 선도 기업이 어디에 집중하는지 모른다면, 분석하고자 하는 **기술과제/해결수단 프레임을 먼저 만들고** 각 특허를 분석하여 해당되는 것을 표시

- 이 분야의 기술과제들과 해결수단들을 잘 알지 못한다면, 분석 대상 **특허 중 일부를 먼저 분석하여 기술과제/해결수단을 추출**하고 용어 통일, 중복 제거, 개념의 상하 정리 등의 과정을 거쳐 기술과제/해결수단 프레임을 작성한 후, 나머지 특허를 분석

상처용 습윤 패드

중견기업 A사는 상처 보호 패드 시장에 후발주자로 진입하여 저가 제품군 시장에 안착하였으며 이제 고가의 하이엔드 제품으로 사업을 확장하려고 한다. 현재 국내외 고가제품 시장의 80% 이상은 4개의 글로벌 기업들이 장악하고 있으며 중소 업체들과 기술력 격차도 매우 큰 상황이다. A사는 하이엔드 제품의 기술력 확보를 위해 글로벌 선도기업들의 기술을 빠르게 따라잡고자 한다.

선도기업 4개사의 특허는 총 500여 건이었으며, 분석 항목을 만들기 위해 이 중 50건을 뽑아 특허에서 해결하고자 하는 과제와 해결수단을 1차적으로 추출하였다.

위 그림의 단어들을 보면 '제조효율'과 '경화속도', '접착성'과 '접착유지 시간'은 같은 카테고리에 속하는 용어이며, '연성'과 '늘어남'은 동일한 기술과제를 다르게 표현한 용어이고, 착용감은 여러 가지 기술 요소가 복합된 용어이다. 접착 특성과 같이 이 제품에서 중요한 특성은 세분화하고 동일한 의미를 나타내는 용어들은 하나로 통일하는 등 각 기술과제의 개념 수준을 맞춰 묶어주거나 분할하고 논리적 사고를 통해 빠진 것을 추가하였다.

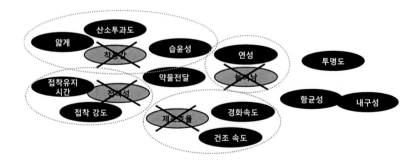

그런 다음 각 기술과제에 분류 코드를 부여하고 상처 보호 패드 제품의 기술과제를 체계적으로 정리하였다.

착용감				접착성		제조효율		기타 물성		
산소 투과도	습윤성	두께 감소	연성	접착 강도	접착 유지 시간	경화 속도	건조 속도	투명성	항균성	내구성
A	B	C	D	E	F	G	H	I	J	K

마찬가지로 상처 보호 패드 제품의 기술과제를 해결하기 위한 해결수단의 분류 항목을 도출할 수 있다. 50건의 특허에서 추출한 해결수단에 기본 지식과 사고력을 발휘하여 확장한 해결수단은 상처와 닿는 부위의 소재와 조성, 표면처리, 제조공정, 제품 디자인 등 다음과 같다.

구분	명칭	코드	해결수단
a	고분자 물질	a1	단량체 조합
		a2	일관능기
		a3	다관능기
		a4	고분자 함량
		a5	복수 종류의 고분자
		a6	기타
b	조성물 (a분류 외 다량체)	b1	연결기
		b2	기존 물질 조합
		b3	조성비
		b4	가교제
		b5	기타
c	첨가제	c1	신규 첨가제
		c2	기존 첨가제 조합
		c3	개시제
		c4	기타
d	표면처리	d1	물리적 방법
		d2	화학적 방법
		d3	표면 구조
		d4	기타
e	공정	e1	신공법
		e2	고분자 합성 공정
		e3	젤 패드제조
		e4	기타
f	디자인	f1	표면형상
		f2	디자인

선도기업 특허 500건이 어떤 기술 과제를 해결하기 위한 것이며 해결수단은 무엇인지 분류하였다. 수백 건 이상의 특허를 분류하다 보면 분류시스템에 없으나 의미 있는 새로운 항목이 나타날 수 있다. 이때는 새로운 내용을 분류 시스템에 추가하고 코드를 부여한 다음 분류를 계속한다.[13]

각 특허에 대해 기술과제와 해결수단을 해당하는 대로 복수로 분류하면 이러한 형태가 된다.

출원국	출원번호	출원인	기술 과제																	해결 수단																		
			A	B	C	D	E	F	G	H	I	J	K	a1	a2	a3	a4	a5	a6	b1	b2	b3	b4	b5	c1	c2	c3	c4	d1	d2	d3	d4	e1	e2	e3	e4	f1	f2
KR	2005-######	N사		O												O							O																
KR	2010-######	J사	O				O															O																	
KR	2005-######	B사	O												O																								
KR	2013-######	P사	O							I																													
US	2005-######	B사	O							I																													
US	2015-######	B사			C																						d1												
US	2005-######	N사				D																						d2											
US	2010-######	J사																																					
US	2009-######	B사					F			I	J															d1												
US	2005-######	N사	O					F						a2								c1	c2															
US	2011-######	N사			C																					c3	c4											
US	2005-######	B사					F												b3																	f1	
US	2012-######	J사						G																									e3				
US	2010-######	P사				D															c1															
US	2014-######	J사				D																	c3													
US	2005-######	P사	O																	b2	b3															
US	2010-######	N사			C					I																											
US	2005-######	P사					F															c1														
US	2006-######	N사																																		
JP	2006-######																																		
JP	2007-######	J사																																		

아래의 그림과 같이 기술 과제와 해결수단을 양 축으로 하여 특허에서 언급된 빈도를 표시하면, 어떤 기술과제에 관해 가장 연구가 집중되고 있으며, 각각의 기술과제를 해결하는데 어떤 해결수단을 사용하고 있는지 한눈에 알 수 있다.

기술과제와 해결수단을 연도별로 나타내면 최근 이슈가 되는 것을 구분할 수 있고, 기업별로 나타내면 특정 기업이 집중하는 것, 모든 선도기업이 관심을 갖는 기술과제와 해결수단을 알 수 있다.

아래 도표로부터 선도기업이 가장 관심을 갖는 기술과제는 '산소투과도'이며 이를

---

13 하나의 특허에 기술과제와 해결수단이 여러 가지가 언급되는 경우가 있다. 기술과제 하나, 해결수단 하나를 선정하여 분류하는 방법도 있고, 기술과제와 해결수단을 특허에 언급된 대로 복수로 선택하여 분류할 수도 있다.

향상시키기 위해 '복수의 고분자' 조합에 집중함을 알 수 있다. 그러나 A사는 '복수의 고분자' 조합이 중요하다는 것을 알지 못하는 상황이었다. A사는 관련 특허들을 찾아 어떤 '복수의 고분자' 조합, 즉 고분자 물질과 조성비 등에 대한 정보를 파악하고 이러한 기술적 지식을 바탕으로 효율적인 R&D 전략을 수립할 수 있었다.

해결 수단		기술과제 산소투과도	습윤성	두께감소	연성	접착강도	접착유지시간	경화속도	건조속도	투명성	항균성	내구성
		A	B	C	D	E	F	G	H	I	J	K
고분자 물질	a1 단량체조합	27	16	4	5	4	5	6	26		2	15
	a2 일관능기 도입	2				1						0
	a3 다관능기 도입	8	8	1	1	2	1	2	11			4
	a4 고분자 함량	35	13	2	9	8	2	9	12		2	4
	a5 복수종류의 고분자	79	33	7	23	7	11	10	42	4	15	12
	a6 기타	8	3	1	4	4			3	3	5	6
조성물	b1 연결기	70	20	8	10	4	10	4	42	4	13	25
	b2 기본 물질 조합	44	19	7	8	1	5	3	15	1	10	11
	b3 조성비	25	6	2	7	1	1	2	14	1	4	13
	b4 가교제	18	6		4	3	6	2	19	1	2	11
	b5 기타	11	2		1		1	2	11	1	6	9
첨가제	c1 신규 첨가제				1				1			2
	c2 기존 첨가제 조합	8			1				6		1	3
	c3 개시제	8	4	1	2			1	11	1		4
	c4 기타	11	2	1	4	1	1	1	18	3	9	16
표면처리	d1 물리적 방법	2		2	1						2	0
	d2 화학적 방법	33	11	4	8		8	1	7		11	5
	d3 표면 구조	3	1		2							1
	d4 기타											0
공정	e1 신공법									1		0
	e2 고분자 합성 공정	7	4	2	1		3	2	11	1	2	5
	e3 젤 패드 제조	43	22	4	12		8	2	66	6	14	24
	e4 기타	1	1	1	1				9	2		45
기타	f1 표면형상	1							1			1
	f2 디자인	5			2				22	3		4

공정기술 빠르게 확보하기

개발 아이템 자체를 찾는 것도 어렵지만 개발 아이템은 선정하고도 제조 기술을 확보하기가 어려운 경우도 많다. 기업들이 공정기술을 노하우로 간직하는 경향이 있기 때문이다. 외관을 분석해도 알 수 없는 공정 조건들이 제품의 품질을 결정하는 경우, 후발기업은 성능확보를 위해 무수한 시행착오를 거칠 수밖에 없다.

다소 상세하지 않은 부분이 있더라도 선도기업의 공정기술에 대한 정보를 파악할 수 있다면 처음부터 시작하는 것에 비해 수월할 것이다. 공정기술은 특허로 공개하는 것을 꺼리는 경우가 많으므로 특허에도 공정에 관한 정보는 제한적이나, 특허를 등록받기 위해 공정기술을 어느 정도 공개해야 하기도 한다.

특허분석으로 공정기술을 파악하는 방법은 다음과 같다. 물질/소재 제조, 표면 처리, 미세 가공 기술 등 공정이 중요한 분야는 이러한 방법이 유용할 것이다.

- 선도기업을 정하고 관련 특허를 검색한다.
- 선도기업의 특허 중, 발명의 상세한 설명에 제조공정이 자세히 언급된 특허를 찾는다.

- 각 선도기업마다 특허에 언급된 공정기술의 특징을 파악한다. 한 공정기술을 지속적으로 채용하고 조금씩 발전시킨 경우도 있고, 단계별로 새로운 공정기술을 개발한 업체도 있다.
- 공정기술을 특징별로 묶고 각 카테고리에서 가장 발전된 공정기술이 자세히 언급된 특허를 정한다.
- 선정된 특허들의 공정기술을 분석하여 공정 단계를 세분화하고 대표 특허의 기술을 공정별로 비교 분석한다.
- 각 기술의 장단점을 판단하고, 적합한 것을 선택한다. 특정 특허의 기술을 통째로 채택할 수도 있고 여러 특허로부터 기술을 끌어와서 조합할 수도 있다.

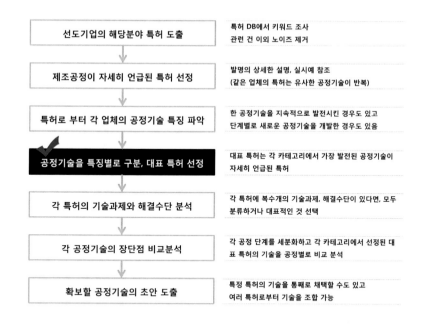

전자정보 소재용 필름

전자정보 소재용 필름 산업에 뒤늦게 참여한 후발기업 A사가 제품의 품질 문제로 어려움을 겪고 있다. 이에 대한 원인을 분석한 결과 공정기술이 가장 큰 문제로 도출되어 공정을 개선하기로 하였다.

품질이 우수한 선도기업들은 개선된 공정기술을 보유하고 있을 것이므로, 이 분야 선도기업인 C사, T사, J사, D사의 특허를 분석하여 공정기술을 1차적으로 파악하고 이를 바탕으로 최적화하기로 하였다.

우선 선도기업들의 관련 분야 특허를 검색하여 100여 건을 찾아내었으며 선도기업마다 제조공정기술이 상세히 서술된 특허를 각각 골라내었다. 특정 기업의 공정기술이 언급된 특허가 여러 건인 경우, 가장 상세하고 발전된 기술을 설명하는 특허를 찾아 상세히 분석하면 한두 건의 특허분석으로도 그 업체의 공정기술을 파악할 수 있다.[14]

전체 제조공정 단계를 구분하고 각 세부 단계별로 여러 선도기업의 공정조건을 일목요연하게 비교하여 다음 표와 같이 정리하였다.

각 선도 기업은 총 공정 단계의 구성도 다르고, 같은 공정이라고 하더라도 공정 조건이 상당히 달랐다. 어떤 기술을 벤치마킹하는 것이 적합할까 논의 끝에 '응고'와 '연신' 공정이 없는 T사 기술과 J사 기술을 선택하였고 세부 공정 조건을 종합하여 출발점이 되는 기본 공정을 설계할 수 있었다.

---

14 물론 공정기술은 노하우로 보호하고 공개되지 않는 부분도 있다. 공개하지 않은 기술을 공식적으로 파악할 수 있는 방법은 없다.

출원인	C사	T사	J사		D사
	JP1993-######	JP2011-######	KR2012-#######		KR2009-#######
응고	① (10℃, ##% DMAc, 10분)				① 유압식 ## 프레스, 122℃ ##psi 압력, 1시간)
고정		① #### 에 필름 형성 (120℃, 7분간 가열)	① 40중량% NMP, 40℃	① 40중량% NMP, 40℃	
수세	②	② 흐르는 물, 10분	② #0~#0℃ 수용액,탈용매, 탈염	② 50~60℃ 수용액,탈용매, 탈염	
건조	③	③ 실온~220℃, 60분 이내	③ 200~280℃, 1~2분		
연신				③ 2축 연신1.2~3.7배, 300~450℃	
침지					
열처리	④	④ 280℃, 1분	④ ##0~500℃, 30초~2분	④ 300~450℃	② #℃/분 속도로 280℃까지 증가, 2분 동안 유지
냉각		⑤ ##℃/초 이하의 속도			③ 가압 하에 100℃ 미만까지
필름	⑤	⑥ 두께 10~##μm의 필름	⑤ 두께 ##~50μm의 필름	⑤ 두께 3~##μm의 필름	④ 두께 #50μm의 시트

제품기술 빠르게 확보하기

제품의 구조, 구동방법, 조성, 물질에 대한 기술도 특허로부터 선도 기술을 빠르게 파악할 수 있다. '공정기술'의 경우와 방법은 유사하다. 선도기업의 특허로부터 설계인자들의 설계 값을 찾아내고 가장 적합한 것을 선택한다.

중요한 것은 핵심 설계인자들을 파악하는 것이다. 기술 전문가와 협의하여 설계인자를 정의하고 각각에 대해 특허에 설명된 것을 정리한다. 여러 기업의 특허를 동시에 분석하는 경우 여러 기업의 기술을 조합하는 것이 가능한지, 가장 우수한 기업의 기술을 전체적으로 도입하는 것이 적합한지 판단한다.

자동차용 가스 센서

A사는 자동차용 가스 센서를 개발하여 시장에 진입하고자 한다. 자동차 업계는 안전성, 신뢰성을 특히 중요시 여기므로 기존에 문제없이 사용하던 기술에서 벗어나 새로운 설계의 부품을 도입하는데 저항이 크다. A사는 후발기업으로서 시장에 용이하게 진입하려면, 현재 자동차 제조사에 센서를 공급 중인 선도기업 M사의 제품의 구조에서 출발하는 것이 좋겠다고 판단하였다. 단, 특허 침해 문제가 없어야 한다.

M사의 제품을 입수하여 기술을 파악하고자 하였으나 자동차를 구매하지 않고는 해당 센서를 입수할 방법이 없었으며, 자동차를 사더라도 강도 높은 케이스에 센서가 밀폐되어 있어 케이스로부터 센서를 꺼내는 과정에서 센서의 미세한 내부 구조가 파괴되어 분석이 어려웠다. 이에 M사의 특허를 분석하여 제품화된 센서의 구조를 알아내고자 하였다.

M사의 관련 특허를 분석한 과정은 아래와 같다.
- 먼저 A사가 알고자 하는 핵심 설계 인자를 '1) 센서를 구성하는 각 레이어의 구성, 2) 채널의 개수와 위치, 형태, 3) 전극의 배치'로 정의하였다.
- M사의 관련 특허 중 센서의 세부 구조가 도면에 표현된 것을 중심으로[15] 각 특허마다 채널의 유무, 형태, 전극 배치 등 핵심 설계 요소를 분석하였다.
- 센서 구조 설계가 동일/유사한 특허들을 묶어 유형을 구분하고 유형별로 연구개발 패턴을 분석하였다. 일정 기간 동일한 구조가 지속적으로 사용되다가 다른 구조로 변경되고 있었으며 가장 최근까지 특허 출원되고 있는 설계를 알아낼 수 있었다. 다행히 그 구조는 하나뿐이었으며 수년간 지속적으로 특허가 출원된 것으로 보아 1회성 연구가 아니며 제품에 채택된 구조라고 판단할 수 있었다.
- 특허 이외 M사의 보도 자료 등을 조사하여 해당 설계가 제품에 채택되었음을 검증하고 특허분쟁 가능성도 검토하였다.

---

15 특허의 요지는 센서의 세부 구조에 관한 것이 아니어도(예를 들어 회로 구성 등) 즉 다른 기술을 설명하기 위해 센서의 구조를 도면에 나타내는 경우도, 그 구조의 연구개발 지속성을 파악하는 데 도움이 된다.

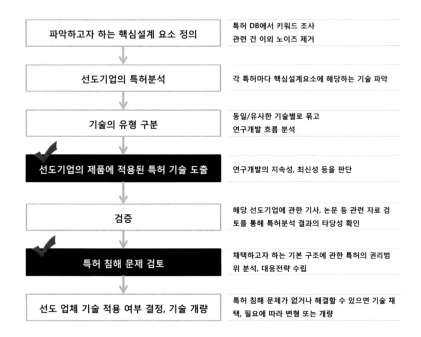

파악하고자 하는 핵심설계 요소 정의	특허 DB에서 키워드 조사 관련 건 이외 노이즈 제거
선도기업의 특허분석	각 특허마다 핵심설계요소에 해당하는 기술 파악
기술의 유형 구분	동일/유사한 기술별로 묶고 연구개발 흐름 분석
선도기업의 제품에 적용된 특허 기술 도출	연구개발의 지속성, 최신성 등을 판단
검증	해당 선도기업에 관한 기사, 논문 등 관련 자료 검토를 통해 특허분석 결과의 타당성 확인
특허 침해 문제 검토	채택하고자 하는 기본 구조에 관한 특허의 권리범위 분석, 대응전략 수립
선도 업체 기술 적용 여부 결정, 기술 개량	특허 침해 문제가 없거나 해결할 수 있으면 기술 채택, 필요에 따라 변형 또는 개량

A사는 최종 도출된 제품설계안을 출발점으로 하여 개발 기간을 단축하고 제품의 성능을 향상시킬 수 있었다.

선도기업의 제품 적용 기술(가능성 높은 기술) 알아내기

벤치마킹하고자 하는 선도기업의 특허 중 상당수의 특허는 제품에 적용되지 않았을 수 있다. 이런 경우 특허를 분석해도 선도기업의 연구개발전략을 알아내기 어렵거나 잘못된 결론을 낼 수도 있다.

개발 초기에는 어떤 기술이 가장 좋은 성능을 낼 수 있는지 알 수 없기 때문에 다양한 시도를 하게 되나, 성능이 낮거나 상용화에 부적합한 기술은 단발성 연구로 끝나게 된다. 그러나 각 특허를 보고 그 특허의 기술이 제품에 적용되었는지 적용될 가능성이 높은지 파악하기는 어렵다.

여러 특허들의 출원 정보를 분석하면 제품에 적용된 기술과 적용될 가능성이 높은 기술을 알아낼 수도 있다. 특허를 출원할 때 그 특허의 기술을 개발하는데 참조한 특허, 즉 인용특허 정보를 적도록 되어 있다. 특정 특허가 지속적으로 인용된다면 인용되는 그 특허의 기술은 연구개발이 계속되고 있다는 것을 의미하며, 따라서 제품에 적용될 가능성이 높다. 먼저 출원한 자신의 특허 중 **지속적으로 인용되는 특허의 기술**은 제품에 적용 가능성이 높다고 할 수 있다.

또한 중요한 특허, 자신의 제품에 적용할 가능성이 높거나 분쟁에 활용할 가능성이 높은 특허는 **여러 국가에 출원**하는 경향이 있다. 활용할 가능성이 없는 기술이라면, 미국, 유럽, 일본, 중국 등 주요 시장에 권리를 확보하기 위해 수천만 원의 비용을 지출하지 않는다. 물론 이러한 특허가 너무 오래된 것이면 지난 제품에 채용된 것이거나 최근 기술의 트렌드가 바뀌어 적용 가능성이 아예 없어진 것들도 있을 수 있으므로 기술의 수명주기를 고려하여 최근 수년간 출원된 특허로 분석 범주를 정하는 것이 바람직하다.

다음 그림은 선도기업 X의 출원에 관한 것으로 각 동그라미가 특허 1건을 나타내며, 화살표는 인용관계를 보여준다. 동그라미가 겹친 것은 동그라미의 수만큼의 'family 특허'[16]가 출원된 것이다. a 특허와 c 특허의 기술은 과거 수년간 연구되었으나 최근 연구가 중단되었으며, b 특허의 기술은 과거부터 현재까지 계속 연구되고 있고 family 특허도 다수 출원되어 사업화의 의지가 강한 기술이라고 판단할 수 있다. d 특허와 e 특허는 최신 연구 기술로서, family 특허가 다수 출원된 d 특허의 기술에 더 중점을 두고 있다고 보인다. 종합하면, 이 선도기업은 b 특허의 기술, d 특허의 기술을 제품에 적용할 가능성이 높다고 판단할 수 있다.

---

16 여러 국가에서 특허권을 주장하려면 동일한 기술을 여러 국가에 출원해야 한다. 같은 기술에 대해 출원된 일련의 특허들을 'family 특허'라고 한다.

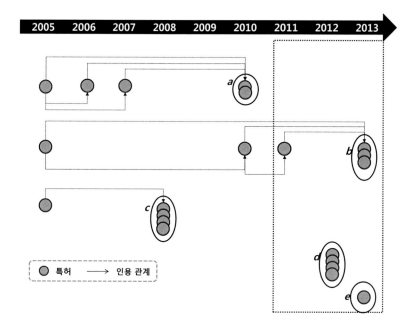

인용정보나 해외출원 정보가 제한적이어서 이러한 정보로부터 기업이 제품에 채용하고자 하는 기술을 파악하기 어려울 수도 있다. 출원인이 자기 인용정보를 반영하지 않을 수도 있고, 찾고자 하는 기술이 해당 특허의 핵심 기술이 아닌 경우 인용관계로부터 필요한 정보를 얻기 어렵다. 이런 경우, 벤치마킹하고자 하는 선도기업의 특허 내용을 검토하여 최근까지 반복되는 기술을 찾아낸다.

4장

신규 과제의
R&D 방향 정하기

정보가 제한적인 기술의 초기 개발전략 수립하기
과제 방향 점검하기
아웃소싱 전략 수립하기

기업의 혁신 추구는 생산하던 제품의 성능이 향상이나 기능 추가에 그치지 않는다. 설탕을 만들던 삼성이 반도체와 스마트폰 사업에서 활약하고 있고, 종이를 만들던 노키아가 한때 휴대폰 사업의 최강자 중 하나였다.

현 사업의 시장이 정체되었거나 경쟁이 너무 치열하여 이익이 나지 않으면, 위험을 감수하더라고 새로운 가능성을 열어줄 신사업에 진출하는 것을 고민할 수밖에 없다.

신사업에는 기존 사업에 적용되던 프레임과 전략을 그대로 적용하기 어렵다. 신사업이 기존 사업과 다를수록, 개발 방향, 성능 목표를 정하는 것이 쉽지 않다.

신사업 아이템이 아직 상용화되기 전이면 문제는 더 어려워진다. 비교적 초기 단계의 기술이나 제품에 대해서는 개발전략을 수립하는데 필요한 자료를 구하기도 어려울 것이다. 이때, 특허를 분석하여 신사업 아이템의 초기 개발전략을 수립하는데 활용할 수 있다.

신사업 아이템의 R&D 방향 또는 제품 개발 콘셉트는 시장에서 경쟁우위 또는 독보적 지위를 가질 수 있는 것이어야 한다. 개발목표에 도달했음에도 시장에서 채택되지 않거나, 시장 자체가 쇠퇴하거나, 경쟁 기술에 의해 쉽게 대체된다면 힘들게 추진한 신사업이 물거품이 된다.

신사업의 올바른 목표와 방향을 정하기 위해서는 시장과 경쟁에 대한 다양한 정보와 분석이 기반이 되어야 하며, 특허에서도 도움이 되는 정보를 추출할 수 있다. 신사업을 구성하는 핵심 기술, 기술의 현 수준, 개발 방향, 관련 기업이나 연구소가 개발하는 기술의 특징과 장단점 등 현재의 상태와 미래에 지향하는 바를 특허로부터 파악할 수 있다. 이러한 정보는 신사업의 기술 개발전략 수립에 결정적인 역할을 할 수 있다.

이 장에서는 신규 과제를 기획하는 시점에서, 신사업의 핵심적인 기술 요소가 무엇인지 파악하고 각 핵심 요소마다 적합한 개발전략을 도출하는 등 신규 과제의 초기 개발 방향을 설계하는 특허분석 사례를 소개한다. 또한 신규 과제의 목표와 방향이 설정된 경우 지향하는 방향과 목표가 시장과 기술의 변화 방향에 부합하는지 경쟁우위 확보가 가능한지 등에 대해 검토하거나 자체적으로 확보하기 힘든 기술을 외부로부터 획득하는 방법을 살펴보기로 한다.

양손잡이 조직(ambidextrous organization)

신사업을 추진하는데 기술이 상당히 중요한 요소임에 분명하나 신사업을 추진하는 조직도 중요하다. 신사업은 불확실성과 실패 리스크가 높고 시장 진출에 성공해도 수익으로 연결되는데 상당한 시간이 필요한 경우가 많다. 따라서 신사업 추진 조직은 창조적 사고를 중시하고 실패를 감수할 수 있으며 당장의 성과에 연연하지 않아야 한다.

반면 기존 사업 즉, 캐시카우 사업을 추진하는 조직은 단기 성과와 수익을 극대화에 최적화되어 있으므로 이 틀에서 신사업이 성장하기 어렵다. 따라서 기존 사업 프레임을 벗어나 신사업을 독자적으로 운영할 수 있는 기반 조성이 필요하다.

기존 사업을 효율적으로 운영하면서 창조적인 혁신도 동시에 잘 추진할 수 있는 조직 체계를 양손잡이 조직(ambidextrous organization)이라고 한다.

애플의 스티브 잡스는 매킨토시 개발 당시 직원들에게 뭔가를 지키는 '해군'이 아니라 새로운 것을 빼앗는 '해적'이 되라고 요구했으며, 이후에도 창조성을 발휘할 수 있도록 신사업을 추진하는 조직을 별도로 관리했다고 한다.

벤처기업의 신사업 성공의 KEY는 '타이밍'

아이디어가 비즈니스로 성공하는 데는 많은 요소가 관여한다. Bill Gross는 'Idealab'의 설립자로 20년 동안 100여 개의 기업을 창립하여 다양한 성공과 실패를 경험했다. 그가 200여 개의 벤처(startup)들을 대상으로 성공에 핵심적인 요소가 무엇인지 연구한 결과를 소개한다.

신사업 성공의 가장 결정적인 요소는 '아이디어'도, '비즈니스 모델'도 아닌 '타이밍'이었다. '타이밍'은 아이디어를 실현하는데 적절한 인프라가 갖추어지고 고객이 그러한 서비스나 제품을 원하는 시점에 그 사업을 시작했는지에 관한 것이다.

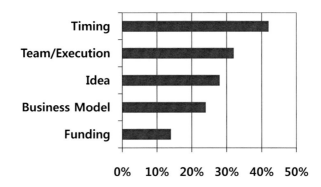

아이디어가 아무리 훌륭해도 그것이 성공을 보증해주지는 않지만, 성공이 혁신적인 아이디어로 시작되는 것은 사실이다.

정보가 제한적인 기술의 초기 개발전략 수립하기

어떤 기술이나 제품을 개발하는데 필요한 정보를 쉽게 구할 수 없거나 정보가 제한적인 신규 과제의 초기 개발전략을 수립하는데 특허 정보를 유용하게 활용할 수 있다.[17]

이런 경우 핵심적인 특허의 출원인이 대학인 경우가 많고 특허에서 언급되는 기능, 성능, 형상이나 크기 등은 시장에서 판매될 수 있는 제품과는 거리가 있는 수준이다. 정보가 충분하지 않아 R&D 전략을 수립하는 것이 어렵기는 하지만 사업화 측면에서 누구도 압도적인 우위에 있지 않다는 것은 좋은 점이다. 따라서 현재까지 연구된 지식을 습득하고 전략적인 시각으로 사업화 방향을 설계한다면 앞서나갈 수 있다.

기술수명주기 관점에서 볼 때, 기술개발 초기 단계에는 다양한 방법과 기술이 시도되다가 가장 효율적이고 우수한 기술로 수렴된다. 특허 분석을 통해 다양한 시도들에 어떤 것들이 있으며 각각에서 가장 정점에 도달한 기술이 무엇인지 찾아내는 것이 핵심이다. 제품의 구성, 요소

---

17 시장에 제품이 출시되었거나 기술과 스펙이 어느 정도 확립된 분야를 신사업으로 선정한 경우에는, 특허로부터 흐름을 파악하기보다 선도기업의 제품과 특허를 타겟팅하여 분석하는 것이 효과적이다. 또한 특허 이외에 해당 업계의 종합적인 리뷰 자료 등으로부터 빠르게 전반적인 지식과 방향성을 확보할 수 있으므로 특허는 구체적인 기술을 파악하는데 주로 활용할 수 있다.

기술의 스펙이 상세히 언급된 특허들로부터 제품의 초기 설계안, 기술개발 포인트 등을 도출할 수 있다.

특허분석 과정은 아래와 같다.

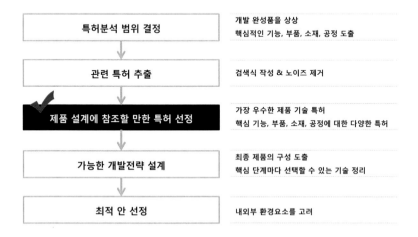

피부 부착형 유연한 박막센서

중견기업 A사는 현 주력 사업이 곧 한계에 봉착할 것이라는 위기감을 느끼고 새로운 성장 동력을 찾아 고민한 끝에 피부에 부착하는 유연한 박막센서 사업을 추진하기로 했다.

A사가 이 사업을 선택한 배경에는 박막센서에 꼭 필요한 기술 중 하나인 박막 필름 제조 및 가공 기술을 보유하고 있다는 점이 긍정적으로 작용했다. 박막센서에 필요한 기술 중 필름 기술 외에 회로 기술, 소형 에너지 기술, 디바이스 설계 기술 등 A사가 익숙하지 않은 기술은 자체 개발하거나 타 기관과 협력하기로 방향을 잡았다.

선도 그룹의 선행 연구개발과 시장 동향을 조사한 결과, '피부에 부착하는 유연한 박막센서'는 대학에서 개발한 프로토타입 제품이 언론에 발표되는 비교적 초기 단계였다. 이러한 제품들은 기능과 크기 등이 아직 상용화 수준과 격차가 컸으며 격차를 줄이기 위해 다양한 기술이 시도되고 있었다. 이러한 상황에서 일부 기술만 보유한 A사는 제품 개발 콘셉트를 정하고 구체적인 기술개발전략을 수립하는 것이 어려웠다. 이에, 관련 특허를 분석하여 초기 개발전략을 수립하고자 하였다.

우선, 관련 특허를 검색하고 센서 디바이스의 구성 요소와 설명이 자세히 언급된 특허를 찾아 디바이스 설계의 기초로 삼았으며, 한편으로는 관련 특허로부터 핵심 요소 기술을 추출하여 핵심 요소 기술 개발전략을 수립하는데 활용하였다.

피부 부착형 센서 기술에 관한 특허분석

디바이스의 구성이 설명된 특허 선택	핵심 요소 기술이 설명된 특허 선택
특허에서 디바이스의 구성 요소를 추출하고 제품 콘셉트 설계	핵심 요소 기술 별로 특허의 내용을 정리/종합
'센서 완성품' 또는 '센서 모듈' 판매 등 사업 전략 도출	핵심 요소 기술개발전략 수립

디바이스 구성이 설명된 특허에는 피부 부착형 센서를 구성하는 부품과 기능이 설명되어 있었다. 상용화 수준의 완성도가 높은 박막형 제품에 관한 것은 아니었으나, 이로부터 제품의 기본적인 구성을 파악하고 제품 설계 콘셉트를 도출할 수 있었으며 특허의 투박한 제품을 박막화하기 위해 필요한 기술을 구체적으로 그려볼 수 있었다.

특허의 센서는 생체 신호를 감지하는 센서부 외에도 감지된 신호를 증폭하는 신호증폭부, 신호에 포함된 노이즈를 제거하는 노이즈 제거부, 정제된 신호를 연산하여 정보로 바꿔주는 연산부, 연산된 정보를 표시해주는 디스플레이, 그 외에도 전원을 공급하는 전원부 등으로 구성되어 있었다. 제품이 되기 위해서는 이러한 구성 요소가 얇고 조밀하게 집적되어 유연한 박막 형태가 되어야 한다.

구성요소를 파악하고 나니 제품의 설계안을 여러 가지로 생각해볼 수 있었다. 모든 구성요소가 일체화된 독립된 제품만 생각하고 있었으나 센싱 기능만 모듈화하고 다른 기기와 연동하는 콘셉트도 고려하기로 했다.

독립된 제품은 모든 구성요소를 유연한 박막 형태로 제조해야 하므로 제조 기술의 난이도가 높고, 신호처리와 디스플레이에 소요되는 에너지를 충당하기 위해 고에너지밀도의 전력원도 필요하다는 문제가 있었다.

한편 스마트 와치 등 웨어러블 기기와 연동하는 제품은 박막화에 유리하며 에너지 소비도 최소화할 수 있으나, 제품설계의 자유도가 감소하고 다양한 웨어러블 기기와의 호환성을 확보해야 하는 제약도 있었다. 이와 같은 장단점, 개발해야 하는 기술과 개발기간 등을 검토하고 제품 콘셉트를 결정하였다.

다음 그림은 특허를 분석하여 도출한 제품 설계안과 각 설계에 요구되는 기술과 개발난이도를 정리한 것이다.

제품 콘셉트	**1** 모든 기능을 포함한 독립된 제품	**2** 별도의 웨어러블 기기와 연동되는 센서부 단독 제품
특징	• 제어부, 센서부, 디스플레이부, 전원부가 모두 포함된 제품 • 제어와 디스플레이를 위한 상당한 에너지 필요 • 설계 자유도 높음	• 센서부 이외 증폭, 연산, 제어, 디스플레이 기능은 별도의 웨어러블 기기에 포함된 모듈 사용 • 웨어러블 기기의 사양에 맞춰서 설계
필요 기술	• 제어, 센서, 에너지부, 디스플레이부를 모두 포함하는 최종 제품 설계 기술 • 고형 부품(칩)을 유연기판에 실장하는 기술 • 제어부 박형화/유연화 기술 • 고용량 에너지원의 박형화/소형화 기술 • 제어부의 Software 기술	• 센서부의 제조기술 • 웨어러블 기기와 물리적으로 연결하는 기술 또는 웨어러블 기기와 무선통신 기술 • 센서부만 구동하는 박형 소용량 에너지원
개발 난이도	• 기술 난이도 매우 높음 • 사업화 준비에 장기간 필요 • 핵심기술 중 상당 부분 아웃소싱 필요	• 난이도 중간 • 센서부만 개발 • 웨어러블 기기와 호환성 확보 필요

개발난이도를 고려하여 '웨어러블 기기와 연동되는 센서부 제품'으로 개발 방향을 정한 후, 세부기술개발전략을 도출하기 위한 특허분석을 수행하였다. 센서의 용도, 측정하는 생체 신호, 각 요소기술의 세부기술 내용을 각 특허마다 추출하였다.

유연한 박막센서의 요소기술로는 '연성기판', '전극/배선', '디바이스', '실링/접착'이 도출되었으며 각 요소기술은 다시 소재, 구조, 제조방법, 물성 등으로 세분화하여 특허의 기술내용을 정리하였다.

그 결과, 핵심 기술요소마다 구체적으로 어떤 기술이 시도 중이며 기술 내용은 무엇인지 파악하였으며, 장단점과 기업에 적합성 여부를 분석하여 기술개발 방향을 초기에 정할 수 있었다.

요소기술개발전략 수립을 위한 특허분석 항목

기술 특징
특허의 기술과제/해결수단 등

연성 기판			
소재	구조	제조	물성

전극/배선			
소재	구조	제조	물성

디바이스	
배치	구동

실링/접착			
소재	구조	제조	물성

용도			
심전도	혈압	뇌파	...

센싱 신호			
pressure	chemical	Temp.	Elec/mag

**각 특허마다
분석 항목을 정리하여 DB 구축**

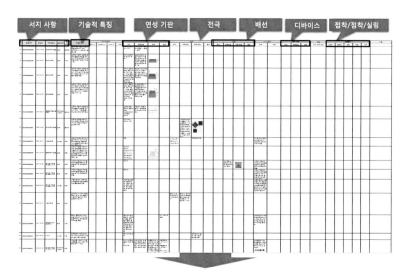

각 특허분석을 종합하여

각 기술 단위의 핵심 기술을 파악하고(소재 a, 구조 b 등)

그중 가장 적합한 기술을 선정

		특허의 기술 내용	개발 수준/문제점	기술 난이도	개발해야 할 기술	아웃소싱 가능성
연성기판	소재 a					
	소재 b					
	소재 c					
	구조 a					
	구조 b					
	제조방법 a					
	제조방법 b					
	물성 a					
	물성 b					
전극/배선	소재 a					
	소재 b					
	구조 a					
	구조 b					
	제조방법 a					
	제조방법 b					
	물성 a					
	물성 b					

과제 방향 점검하기

연구 목표와 방향이 시장에서 원하는 바와 다르면 성공적으로 개발을 완료했어도 시장에서 실패할 수밖에 없다. 의욕이 넘쳐서 개발목표를 지나치게 높게 정한 경우 개발목표에 도달하는 것 자체가 불가능하거나 목표를 달성해도 시장에서 원하는 가격 범위를 벗어나게 될 가능성이 높다.

특허에는 목적 달성을 위한 물질, 조성, 부품, 구조, 회로, 장치, 공정 등의 기술적 구성과 이를 통해 얻어진 성능 수준, 기능 등의 결과가 비교적 상세히 서술되어 있다. 따라서 이러한 정보를 분석하면 업계의 경쟁자들이 연구개발하고 있는 내용을 파악할 수 있으므로 현실성 있는 개발목표를 정하는데 도움이 된다.

즉, 과제 방향이 정해졌으나 타당한지 의문이 있을 때 특허분석을 통해 그 방향을 점검할 수 있다.[18] 우선 검토하고자 하는 성능, 조성 등이 구체적으로 언급된 특허들을 찾아야 하며 특허의 값과 설정한 연구목표와 방향을 비교해 본다.

---

18 과제 방향을 도출하고 경쟁우위 확보 가능한 전략인지 검토하는 방법들로서 전략 캔버스, 멀티스크린 분석 등 특허를 활용하지 않는 다양한 방법이 있다. 이러한 방법은 6장의 '차세대 개발전략 구하기'에서 살펴보기로 한다.

이때 1~2건의 특허에 언급된 값에 큰 의미를 부여하기보다 관련 특허들을 종합하여 트렌드를 파악해야 한다.

스타트업 B사는 새집 증후군 발생 우려가 없는 건축용 천연접착제에 대한 시장의 니즈를 발견하고 개발에 착수하였다. 접착제에서 천연 소재의 함량이 높을수록 가격이 비싸지고, 보관성이 나빠지는 반면, 유해물질이 방출되지 않아 아토피 등 피부 질환과 호흡기 질환 등의 발생은 억제된다.

이 접착제는 벽지, 바닥재를 붙이는데 주로 사용될 예정이며, B사는 항균력, 접착력이 우수한 천연소재를 발굴하고 천연소재의 함량이 90% 수준인 제품을 기획하여 연구개발을 시작하였다.

B사는 약 3개월의 기초 연구 후, 천연물 함량 90% 이상인 개발 방향에 의문을 품게 되었고 특허를 분석하여 개발전략을 점검하기로 했다. 천연접착제 특허의 실시 예에 나타난 천연물의 함량과 사용하는 천연물의 종류 등을 아래와 같이 정리하였다.

출원인	천연물 함량						천연물 소재			
	90% 이상	80%~90%	70%~80%	60%~70%	50%~60%	50% 이하	A	B	C	D
특허 #1					O			O		
특허 #2					O		O			
특허 #3						O	O			
특허 #4					O			O		
특허 #5					O		O			
특허 #6			O						O	
특허 #7				O					O	
특허 #8					O		O			
특허 #9					O			O		
특허 #10						O	O			
특허 #11		O							O	
특허 #12						O		O		

전체 특허와 최근 5년간 출원된 특허로 구분하여 분석한 결과, 최근 천연물의 함량이 증가하는 경향을 보이나, 아직도 천연물의 함량이 60% 이하인 제품의 비율이 70% 수준이며, 90% 이상인 것은 최근 5년 출원 중에서도 2%에 불과했다.

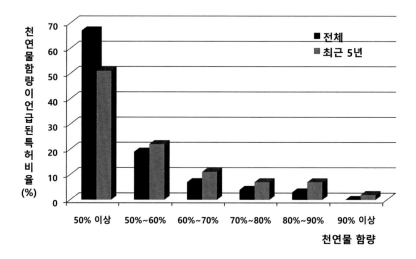

이러한 결과로 볼 때,[19] 천연물의 함량을 90% 이상으로 높이려면 성능이나 경제성 등의 장벽이 매우 높아 단기간 개발이 불가능할 것으로 판단되었다. B사는 개발계 획을 단계별로 조정하여, 1년 이내에 출시할 제품은 천연물의 비율을 ~50%로 하였 으며, 천연물이 90% 이상인 제품은 개발 기간을 3년 이상으로 하여 장기적으로 개 발하기로 하였다.

---

19 특허출원과 사업화 시점의 격차를 고려하면, 시장에 판매하고 있는 제품 중 천연물 함 량이 90% 이상인 것은 2%보다도 낮을 것이다.

아웃소싱 전략 수립하기

완성품을 개발하는데 필요한 모든 기술을 스스로 개발할 필요는 없다. 단순해 보이는 제품도 많은 기술이 필요한 경우가 많고, 그 기술들이 전기전자와 바이오처럼 분야가 전혀 다르다면 선택과 집중을 할 필요가 있다. 특히 인력과 재원이 제한적인 스타트업이나 중소기업의 경우 핵심 기술 이외의 기술은 협력 파트너를 구하는 아웃소싱 전략이 효율적인 경우가 많다.

아웃소싱을 할 분야는 대개 핵심역량과 거리가 있는 분야이므로 정보를 찾는 것이 용이하지 않으며, 누군가 아웃소싱 파트너를 소개해도 그것이 최선인지 확신할 수 없을 것이다.

원하는 기술을 보유한 최적 협력 파트너를 찾는데 특허정보를 이용할 수 있다.

우선 아웃소싱 대상 기술을 정의하고 이와 관련 특허를 찾아야 한다. 선별된 특허의 기술내용으로부터 출원인의 기술력을 파악할 수 있으며 원하는 기술인지도 알 수 있다. 기술 관점에서 볼 때 아웃소싱 대상으로 적합하다면, 출원인의 홈페이지나 기타 정보원으로부터 그 기관의 위치, 규모, 매출 등의 정보까지 고려하여 아웃소싱 할 최적 기관을 찾을 수 있다. 프로세스는 아래와 같다.

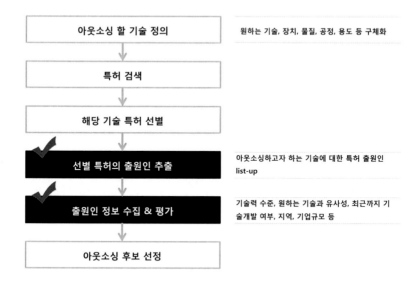

| 아웃소싱 할 기술 정의 | 원하는 기술, 장치, 물질, 공정, 용도 등 구체화 |

특허 검색

해당 기술 특허 선별

선별 특허의 출원인 추출 — 아웃소싱하고자 하는 기술에 대한 특허 출원인 list-up

출원인 정보 수집 & 평가 — 기술력 수준, 원하는 기술과 유사성, 최근까지 기술개발 여부, 지역, 기업규모 등

아웃소싱 후보 선정

천연물에 관해 상당한 기술력을 보유한 벤처기업 C사는 천연물로부터 건강증진 효과가 탁월한 성분을 추출하고 체내에서 흡수가 잘 되는 물질로 개량하는 것에 성공했다. 이제 이것을 소비자가 섭취하기 용이하고 경제성이 있는 제형으로 만들어 판매하고자 한다.

C사는 유효성분을 과립, 알약 등의 제형으로 만드는 데에는 경험이 없었지만, 어렵지 않다고 생각하여 자체개발을 추진하였다. 그러나 여러 번의 시도 끝에 제형화 기술은 아웃소싱 하는 것이 효율적이라는 결론에 도달하였다. 기술의 난이도를 떠나 천연물 성분을 다루는 C사 입장에서는 새로운 장치와 인력의 투자가 필요하여 부담스럽게 느껴졌기 때문이다.

아웃소싱을 추진하기에 위해 제형화 기술에 대한 최근 5년 국내 특허를 조사했다. 이 중에서 C사가 개발한 지용성 조성에 적합한 기술이라고 판단되는 특허들을 골라 출원인을 수집했다. 크고 작은 제약회사, 건강식품 개발업체, 장치업체 등이 조사되었다.

C사는 특허로부터 얻은 정보로 기술력이 우수한 5개사를 후보로 선정하였고 방문과 면담을 통해 최적 기업을 찾아낼 수 있었다.

5장

기술적 문제 해결하기
원하는 기능 구현하기

동일 기술 분야에서 찾기
이종 기술 분야에서 찾기

특허 정보를 활용하는 R&D 지원을 크게 구분하면 R&D 방향을 찾는 것과 기술적인 문제점의 해결안(원하는 기능 구현 기술)을 찾는 것으로 나눠볼 수 있다.

R&D 방향을 찾는 것은 선도 기술 분석, 응용분야 찾기, 차세대 개발 방향을 도출 등 **무엇을 해야 할지에 관한 것**이며, 기술적인 문제점의 해결안(원하는 기능 구현 기술)은 무엇을 해야 하는지를 알고 있을 때 그것을 **어떻게 해야 하는지에 관한 것**이다. 전자에 관한 내용은 3장, 4장, 6장, 7장에서 다루었으며 이번 장은 문제점이나, 목표는 명확한데 이를 구현하는 기술을 특허로부터 찾는 방법을 소개하고자 한다.

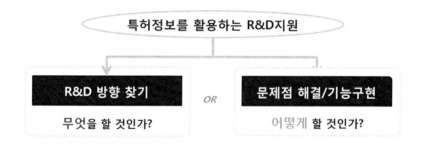

기술·제품을 개발하다 보면 크고 작은 기술적 난관에 부딪히기 마련이고 이것을 해결해야 개발에 성공할 수 있다. 해결책은 다양한 실험을 통해 찾을 수도 있고, 전문가로부터 얻을 수도 있으며, 논문이나 특허로부터 힌트를 얻기도 한다. 주로 문제 해결 방안을 그 기술이 속한 분야에서 얻는 경우가 많다.

그런데, 이 분야의 선두주자거나 다른 업체와 차별화된 기술을 개발하고 있다면 해당 분야 내에서 아무리 조사해도 원하는 답을 얻을 수 없는 경우가 있다. 또한 해당 분야에서 해결책을 구했다 하더라도 다른 분야에 더 좋은 해결책이 존재할 수도 있다. 찾고자 하는 그 기능이나 성능이 매우 중요한 다른 기술 분야가 있다면, 이미 상당한 수준의 연구가 이루어져서 최적화된 해결책이 제시되었을 가능성이 높기 때문이다.

이종 기술 분야까지 확장해서 해결책을 찾는 방법은 구체적인 기술적 용어를 배제하고 문제점의 핵심이 무엇인지, 그 문제를 해결하려면 어떤 기능이 필요한지 기능 중심으로 일반화하는 것이다. 이것을 기능 중심 해결안 찾기(FOS, function oriented search)라고 한다.

같은 기술 분야에서 해결책을 찾으면 기술을 거의 수정보완하지 않고 바로 적용 가능하다는 장점이 있는 반면, 업계에서 이미 알려진 해결책을 뒤늦게 적용하는 것이며 특허분쟁의 가능성도 있다. 이종 기술 분야에서 찾은 해결책은 장단점이 반대이다. 해당 분야에 적합하도록 기술을 다소 변형할 필요가 있으므로 상대적으로 적용하기 어렵지만 업계에서 시도된 적이 없는 새로운 아이디어이며 특허분쟁 가능성도 낮다.

다음 그림은 기술적 문제점이 무엇인지 정의되었을 때, 기술적 문제점을 해결하기 위한 방안을 특허에서 찾는 개념도이다.

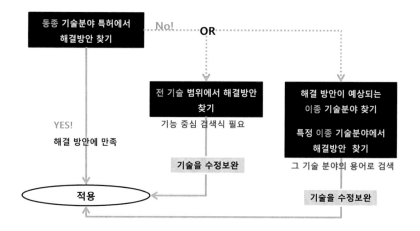

우선 해당 기술 분야에 유사한 문제를 해결한 특허가 있는지 찾아본다. 찾는 방법은 일반적인 특허 검색과 같다. 찾는 기술에 관한 직접적인 키워드로 찾아보고 없다면 키워드를 확장해 본다. 인터넷에서 원하는 정보를 찾는 것과 같다. 해당 기술 분야의 선두주자를 안다면 우선 이들의 특허부터 살펴보는 것도 좋은 방법이다.

동종 분야의 특허에서 해결책을 찾았다면, 프로세스를 종료해도 좋다. 그러나 해결책을 못 찾았거나 좀 더 획기적인 해결책을 찾고 싶으면 검색의 범위를 확장한다.

문제점이 발생한 분야와 다른 기술 분야에서 해결책을 찾으려는 경우 검색의 난이도가 높아진다. 문제점을 일반화해서 기능에 관한 검색식을 작성하고 전체 기술에 대해 검색을 하거나, 획기적인 해결책이 있을 만한 기술 분야를 먼저 찾아 그 분야의 기술 용어로 검색을 하는 방법도 있다.

동일 기술 분야에서 찾기

해결해야 할 문제나 달성해야 할 성능이 잘 정의되어 있으면, 동일 기술 분야의 특허로부터 해결방안을 찾는 프로세스는 비교적 단순하다.

그 기술 분야에서 사용하는 용어로 표현된 검색식을 작성하고 검색된 특허의 내용을 일일이 검토하여 원하는 문제점/성능을 다루고 있는 것만 골라낸다. '문제점 해결'이나 '성능 구현' 수단들을 찾아내고 그 수단이 다양한 경우 가장 적합한 것을 선정한다. 적합성 여부는 관련 특허가 가장 많다거나 최근에 많이 다뤄지는 것 등을 참조할 수는 있지만 기술이 나의 핵심역량, 보유설비, 기술수준, 투자비 등 나의 조건에 적합한지가 중요하다.

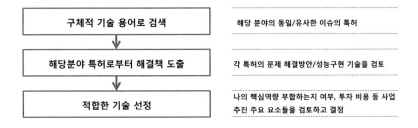

구체적 기술 용어로 검색	해당 분야의 동일/유사한 이슈의 특허
해당분야 특허로부터 해결책 도출	각 특허의 문제 해결방안/성능구현 기술을 검토
적합한 기술 선정	나의 핵심역량 부합하는지 여부, 투자 비용 등 사업 추진 주요 요소들을 검토하고 결정

P 고분자와 M 고분자의 혼합 조성을 용매에 용해하여 박막 필름을 기재 위에 코팅하는 기술에 관한 것이다.

최근 고분자 혼합 조성에서 P 고분자의 함량을 80% 이상으로 올리면 핵심 물성인 열적 특성이 향상된다는 실험결과를 얻었다. 그런데 P 고분자가 80% 이상인 혼합 조성은 사용 중인 D 용매에 잘 녹지 않는 문제가 발생하였다.

용해도를 향상시키기 위해 용해 공정 개선, 용매 변경, P 고분자 개질 등 여러 가지 방안을 검토하여 환경문제, 비용문제 등이 추가로 발생하지 않는 해결책을 찾기로 했다.

온도를 높이거나 입도를 작게 하는 등의 공정 개선의 방법은[20] 효과가 충분하지 않았으며, 용매 변경은 공정을 크게 바꿔야 하는 문제가 있었으므로 고분자를 개질하는 방법을 선택했다.

소재를 개질하는 화학적인 방법은 대상이 되는 특정 물질에 관한 기술이어야 활용하기 용이하다. 따라서 P 고분자, D 용매, 용해도를 키워드로 특허를 검색하였으며 각 특허로부터[21] 용해도 향상 방법을 도출하였다. 전체 과정은 다음과 같다.

---

20 이러한 물리적인 방법은 물질과 관계없이 일반적으로 적용할 수 있으므로 기술 분야를 한정하지 않고 용해도 향상 방안을 찾을 수 있다.

21 문제해결 방안을 찾는 목적으로 특허를 분석할 때는 특허의 실시예를 보는 것이 좋다. 실시예는 발명의 우수성을 입증하기 위해 구체적인 실험한 조건과 결과를 기록한 부분이다.

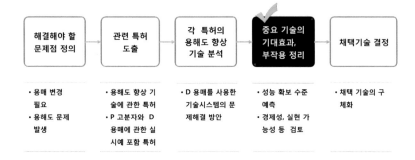

해결해야 할 문제점 정의	관련 특허 도출	각 특허의 용해도 향상 기술 분석	중요 기술의 기대효과, 부작용 정리 ✔	채택기술 결정
• 용매 변경 필요 • 용해도 문제 발생	• 용해도 향상 기술에 관한 특허 • P 고분자와 D 용매에 관한 실시예 포함 특허	• D 용매를 사용한 기술시스템의 문제해결 방안	• 성능 확보 수준 예측 • 경제성, 실현 가능성 등 검토	• 채택 기술의 구체화

아래 그림은 특허에서 용해도를 향상시킬 수 있는 해결방안을 찾아 정리한 일부 자료이다. 각 기술마다 기대되는 성능향상 효과, 부작용 등을 예측하고 채택 여부를 결정하였다.

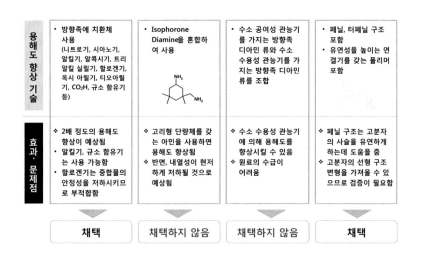

1차 채택한 기술이 여러 개이고 동시에 적용할 수 없다면, 기대효과, 기술난이도, 예상되는 부작용 등을 평가하여 여러 가지 후보 기술 중에서 우선순위를 정한다.

다음 표는 1차로 선택된 복수의 기술을 검토하는데 활용할 수 있다. 분석 결과, 기대효과는 높은데 부작용을 해결해야 하거나 개발 난이도가 높은 기술은 중장기 계획에 반영한다.

	기술(해결수단)	해결수단 적용의 효과(상 중 하)	해결수단 자체의 기술난이도	해결수단 적용에 의해 발생하는 문제점의 난이도	원자재 확보, 장치 등의 인프라 문제
기술 a					
기술 b					
기술 c					
기술 d					
기술 e					
기술 f					
기술 g					
기술 h					

이종 기술 분야에서 찾기

문제점이 발생한 분야와 다른 기술 분야에서 해결책을 찾으면 보다 혁신적인 답을 얻을 가능성이 높지만 풀어야 할 문제 정의, 해결방안 검색, 해결책의 적용 단계에 많은 고민이 필요하다.

문제 정의가 중요하다는 것은 이미 2장에서 설명하였다. 이종 기술 분야로 사고를 확장하려면 가장 근본적인 문제를 찾고, 문제를 일반화하려는 노력이 필수적이다. 시스템을 구성하는 기술요소를 분할하여 각각이 수행하는 기능을 분석하는 기술요소분석, 표면적인 문제 밑에 숨어 그 문제를 유발하는 더 근본적인 문제가 있는지 의문을 제기하는 근본원인 분석(RCA) 방법 등이 유용하다.

문제를 잘 정의한 후에도 이종 분야에서 해결책을 찾아내는 것은 쉬운 일이 아니다. 획기적인 해결책이 예상되는 기술 분야를 찾아 그 기술 분야에서 사용하는 용어로 검색식을 작성해야 하며, 기술을 한정하지 않고 전 기술에 대해 원하는 기능이나 성능에 관한 기술을 찾고 싶다면, 특정 기술 용어가 아니라 어떤 기능에 관한 것인지에 초점을 맞춰야 한다.

일반화된 용어 즉 기능 중심으로 검색식을 작성하면 해당 기술 분야의 특수 용어를 사용한 특허들은 찾아지지 않는다. 따라서 기능 중심 검색이 효과적이지 않다면, 일반화된 용어로 문제점이 심도 있게 다뤄지는 기술 분야를 찾고 그 기술 분야의 구체적인 기술용어를 추출하여 검색을 구체화하는 것이 좋다.

해결책이 있을 확률이 높은 이종 기술 분야를 찾을 때는 특허를 대상으로 할 필요가 없다. 구글 등 일반적인 인터넷이나 기술정보가 모여 있는 사이트에서 기능에 관한 일반적인 용어로 기술 분야를 찾을 수 있다. 그다음 그 분야의 특허로부터 해결방안을 찾는다.

이종 기술을 통해 찾은 해결방안으로부터 바로 적용할 수 있는 답을 찾을 수도 있지만, 문제를 해결하는 원리에 대한 아이디어를 얻고 적용하려는 분야에 맞게 기술을 변형하는 과정이 필요한 경우도 많다.

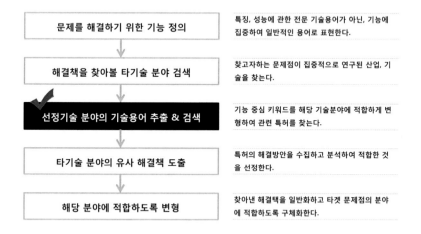

센서 부품의 성능 한계 해결 방안

>> 기술요소 분석으로 한계를 유발하는 핵심원인 도출

자동차 배기계용 산소센서는 배기라인에서 산소의 양을 측정하여 그 출력전압을 ECU(Engine Control Unit)에 전달하는 역할을 하는 부품이다.

산소센서는 얇은 여러 층의 세라믹으로 구성되어 있으며 각각 기능을 발휘한다. 산소센서의 핵심 기술과제를 파악하기 위해 센서를 구성하는 세라믹층과 전극 등의 구성요소를 구분하였다. 각 층마다 기능, 소재, 물성, dimension, 미세구조, 기타 특성 등 현재의 상태를 자세히 분석하고 각 층이 시장에서 기대하는 가격, 성능, 신뢰성, 제품수명 등을 충족하는지 그렇지 않다면 원인이 되는 한계 요인은 무엇인지 분석했다.

구성		기능	부작용	특징					한계/ 개선점	한계유 발요인
				소재	dimension	미세구조	물성	기타		
보호부	Thermal shock layer									
sensing 전극부	Protective layer									
	Outer sensing electrode									
	Sensor sheet									
Ref 전극부	Insulation layer 1									
	Inner reference electrode									
	Insulation layer 2									
Heater 부	Insulation layer: 3									
	Heater electrode									
	via									
	terminal shield									
	Terminal electrode									

분석 결과, 몇 가지 구성에서 한계요인이 도출되었는데 그중 하나는 센싱 전극부의 보호층에 관한 것이다. 보호층에 크랙이 발생하여 수명이 저하되는 것이 심각한 문제였으며 이는 고온에서 생성되는 가스를 원활하게 배출할 수 있는 미세기공 채널이 표면까지 연결되지 않았기 때문으로 분석되었다. 따라서 표면까지 연결된 미세기공 채널을 형성하는 방법을 찾아내어 보호층의 미세구조를 최적화하면 제품의 수명을 향상시킴으로써 경쟁력을 높일 수 있다고 판단되었다.

구성	기능 Useful function	유해한 작용 Harmful function	특징					한계/개선점 (성능, 가격, 공정성 등)	한계 유발 요인
			소재	dimension	미세구조	물성	기타		
보호층	•### 도에 서 전극 보호 •배기 가스 를 전극으 로 이동시 키는 채널 역할	•###에 크 랙을 유 발 •피독 물 질이 쌓 여서 산 소 채널 이 막힘	•#.#mole % ### 사용(T 사와 동일, 이트륨 함 량에 따라 이온전도도 와 강도 변 화, 두가지 특성이 trade-off 관계)	•센싱 전극 덮는 면적 •두께 ## micron(T 사), 크랙 발생	•### 구조(T 사 제품은 기공도가 낮으나 산 소 채널역 할 충분..) •기공도, 기 공크기, 균 일도, 오픈 구조 등에 대한 정량 적 측정 필 요	•## 친화성 •###도까지 발열되는 센서부 보 호	•###, ### 등 이종물 질 첨가하 여 기공형 성	•고온에서 가스 팽창 에 의한 크 랙 발생으 로 수명 특 성 낮음	•기공구조 연결성 낮 음(표면에 서 전극까 지)

이제 연결성이 높은 미세 기공 구조를 만드는 기술을 찾아보았다. '미세기공', '연결', '채널'을 조합[22]한 검색식으로, 아래와 같이 미세기공 구조 설계와 제조에 관한 기술이 연구되는 분야와 관련 특허를 찾을 수 있었다.

발명의 명칭	기술내용	특허번호
흡착장치 등에 사용되는 다공성 제올라이트	**발포제를 혼합하여 소성하여 연속 기공 형성**	KR2009-0124134
연마제품	**고분자 수지에 수용성 무기염을 포함하여 성형/경 화하고 나중에 무기염을 녹여내 기공 형성**	KR2016-0081791
골 지지체로 사용되는 수 산화아파타이트	**폴리머 스펀지 기술을 이용하여 미세기공이 일축방 향으로 규칙적으로 성장**	KR2011-0088903
전지분리막	**필름을 연신하여 미세다공성 막 제조**	KR2011-0058991

흡착제, 연마제, 골지지체, 분리막 등의 제품에서 원하는 기공 구조를 만드는 기술이 심도 있게 연구되고 있음을 알 수 있었다. 기공을 형성하는 기술은 공정 중에 기체를 발생시키는 발포제, 무기염/고분자 등 나중에 녹이거나 태워 없앨 수 있는 기공형성 물질, 물리적 힘의 가하는 방향으로 기공 제어, 폴리머 스펀지 등 틀을 이용하여 방향성 있는 기공 형성 등으로 다양했다.

---

22 (미세 adj 기공) and (채널 or 일축) 등

살펴본 이종 분야 특허들에서 힌트를 얻어 센서의 전극 보호층에서 발생하는 문제를 해결할 수 있는 가장 적합한 기술을 선택하고, 그 분야의 특허를 기술을 추가 분석하여 최적의 방법을 찾아낼 수 있다.

다층구조 접착 필름 제거 시 표면 오염 문제 해결 기술
>> 근본 원인 분석(RCA)으로 핵심적인 문제 발굴

그래파이트 층을 포함하는 다층 필름은 모바일 전자기기의 열이 발생하는 부분에 부착하여 열을 발산해주는 기능을 한다.

그래파이트(흑연)는 수평 방향으로 열을 전달하는 특성이 매우 우수하나 층간 박리가 쉽게 발생하는 물질이다. 필름은 아래 그림과 같이 구리와 그래파이트 같은 열전달층과 전자기기 부품 표면에 부착할 수 있는 접착층으로 구성되어 있으며, 접착층에 붙어있는 이형지를 떼어내고 열이 발생하는 부품의 표면에 부착하여 사용한다.

가끔 필름을 부품 표면에 잘못 부착하는 일이 발생하는데, 이때 필름을 깨끗하게 떼어낼 수 없어 방열필름 뿐 아니라 전자기기 부품도 폐기해야 하는 문제가 있었다. 필름을 깨끗이 제거하여 부품을 사용할 수 있도록 한다면 경제적 손실을 줄일 수 있다.

필름을 깨끗하게 제거할 수 없는 문제가 생기는 근본 원인을 찾아보았다.

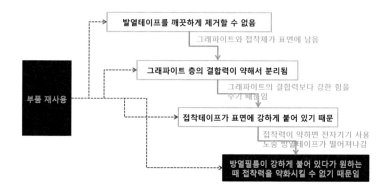

RCA 과정을 살펴보면, 우선 수평 방향으로 층이 쉽게 분리되는 그래파이트의 물질적인 특성 때문에 문제가 발생한다. 그래파이트를 다른 물질로 변경하면 되지만 물성, 가격 등을 대체할만한 소재를 찾고 필름을 다시 개발하는 것은 상당한 기간이 소요되는 프로젝트이다.

한 단계 더 들어가서 살펴보면, 그래파이트의 층간 결합력이 약해 부품의 표면으로부터 필름을 떼어낼 때는 손상되는 문제가 발생하는 반면, 필름을 이형지에서 떼어낼 때는 필름이 손상되지 않고 쉽게 분리되는 것을 알 수 있다. 이는 부품의 표면에 강하게 접착되어 있어 그래파이트의 층간 결합을 깨뜨릴 정도의 힘을 주어야 필름이 분리가 되기 때문이다. 이 문제는 부품의 표면을 이형지 표면처럼 만들어 필름을 적은 힘으로 분리할 수 있도록 하면 해결할 수 있다.

그러나 이형지에서처럼 필름이 쉽게 떼어지면 방열이 필요한 부분에 필름을 잘 고정할 수 없다는 문제가 발생한다. 따라서 필름은 부품 표면에 견고하게 붙어있어 떨어지지 않아야 하며, 잘못 붙여져서 필름을 떼어내길 원하는 때에는 잘 떨어져야 하는 상반된 특성이 요구된다.[23]

필름의 접착력을 필요에 따라 조절할 수 없는 것이 근본 문제라고 판단하여 특정 조건에서 접착물질의 접착력을 조절하는 기술에 대해 특허를 찾았다. 그래파이트 필름 기술로 한정하지 않고 '접착력', '변화' 등의 용어로 1차 검색하였으며, '재분리 용이', '접착구조체 박리'와 같은 관련 표현을 습득하여 검색을 고도화했다.

다양한 접착력 조절 물질과 방법을 찾았으며, 열에 의해 접착력을 조절하는 접착물질에 관한 특허 기술로 근본 문제를 해결할 수 있었다.

발명의 명칭	기술내용	특허번호
가열 박리성 접착 테이프 및 그 박리 방법	열을 가하여 점착성이 약해지는 성질을 이용하여 용이하게 테이프를 박리	JP1993-161125

---

23 접착력이라고 하는 동일한 'parameter'가 어떤 경우엔 강했다가 어떤 경우엔 약해져야 하는 것을 TRIZ에서는 물리적 모순이라도 하며, 시간, 공간, 조건 등을 분리하는 분리의 법칙에 의해 해결한다.

6장

차세대 개발전략 구하기

현재 진단과 차세대 개발 방향 결정
차세대 개발 방향 도출을 위한 특허분석과 환경분석
<특허분석>
<환경분석>
개발전략 달성을 위한 기술 구체화

기술과 시장은 계속 변한다. 현재 잘 팔리는 제품도 '미래의 변화'에 따라 인기를 잃거나 연구개발에 목표를 달성했음에도 불구하고 경쟁기술에 밀려 시장에서 외면당하는 일이 빈번히 발생한다.

따라서 차세대를 겨냥하는 제품은 미래 시장에서 원하는 니즈에 맞게 기능, 편리성, 경제성, 내구성, 오락성 등이 재조정되어 미래 고객에게 차별화된 가치를 제공할 수 있어야 한다. 이번 장의 '차세대 개발전략'은 '현재에 대한 명확한 인식'을 바탕으로 '미래에 통할 개선방향'을 찾는 것이다.[24]

차세대 개발전략을 구하는 과정은, 현재 상태 진단을 출발점으로 하여 개발방향을 도출하고 실행방안을 구체화하는 것으로 요약할 수 있다. 차세대 개발방향이 이미 명확하다면 방향 설정을 위한 이러한 고민은 생략할 수 있다.

이 책에서는 특허정보를 활용하는데 중점을 두고 있지만, 개발방향을 찾기 위해 새로운 트렌드와 니즈를 찾아내는 단계에서 특허분석 이외의 다양한 정보를 검토하는 것이 좋다.

---

24 이에 반해 3장의 '신규 과제의 R&D 방향 정하기'와 4장의 '선도 기술 따라잡기'는 해당 산업이 생소하거나 선도기업의 기술조차 파악이 되지 않은 경우에 해당한다.

현재 진단	차세대 개발 방향 도출	기술 구체화
• 현재의 경쟁력과 전략을 객관적으로 점검한다.*(기술, 마케팅, 경영, 홍보, 영업 등 다양한 전문가의 의견을 수렴한다)*	• 분석, 관찰, 설문 등의 방법으로 개발방향을 검토한다 • 변화 방향/키워드(what)들 중심으로, 경쟁자에 비해 차별화된 가치를 줄 수 있는 개발 방향을 정한다.	• 차세대 개발 방향을 구현하기 위한 구체적인 기술(how)을 찾기 위해 특허의 기술을 분석한다.

현재 진단과 차세대 개발 방향 결정

현재 진단은 해당 제품의 시장(고객)을 움직이는 핵심 요인 관점에서 내 제품의 수준, 문제점 등을 분석·종합하여 현재 전략을 검토해 보는 것이다.

시장(고객)을 움직이는 핵심 요인이 무엇인지 정확하게 파악하는 것부터 쉬운 일이 아니다. 당연히 중요하다고 생각했던 성능이 그다지 고객에게 중요하지 않을 수도 있고 기술 외적인 요소가 더 중요할 수도 있다.

대체로 기술이 성숙 단계에 도달한 제품은 성능보다 편리성, 고객 맞춤성, 디자인 등 기술 외적인 요인이 핵심 요인인 경우가 많으며, 기술이 발전 중인 제품은 기술 경쟁력이 상대적으로 더 중요하다.

현재 진단의 중요한 기준은 경쟁자이다. 경쟁자에 비해 고객에 차별화된 가치를 제공하는지를 판단하고, 미래의 시장에서 경쟁력을 확보할 수 있는 핵심요인을 찾아 전략 방향을 결정한다.

전략 캔버스를 이용한 관절내시경 제품의 현재 진단과 개발방향 결정

전략 캔버스는 '블루오션 전략'의 핵심적인 분석 프레임워크로서 상태 진단과 실행 전략 도출에 유용하다. 경쟁자와 비교하여 나의 전략을 큰 그림으로 파악하고 경쟁자보다 차별화된 가치를 제공하는 전략을 명쾌하게 표현할 수 있다.

전략 캔버스는 x축과 y축의 2차원 그림으로 표현된다. 수평축은 고객/시장이 요구하는 핵심 가치 즉 업계가 경쟁하는 항목이며 수직축은 각 핵심 가치의 수준을 나타낸다. 따라서 전략 캔버스를 그리기 위해 가장 먼저 해야 할 일은 해당 제품 시장에서 현재 업계가 경쟁하는 '핵심 가치'가 무엇인지 찾는 것이다.

아래 그림은 관절내시경을 개발하는 소기업 A사의 현재 진단이다. x축 항목으로 가격, 삽입 용이성(내시경 단부를 관절의 좁고 곡선인 공간에 용이하게 삽입할 수 있어야 함), 단부 조향성(단부 삽입 후 단부를 구부리거나 방향을 바꾸어 병변 부위를 관찰할 수 있어야 함), 병변 진단 정확성(내시경으로 관찰한 이미지가 왜곡 없이 실제 크기, 위치, 형태 등에 대한 선명한 이미지를 얻을 수 있어야 함), 조작성(사용자인 수술 집도의가 내시경을 조작하기 쉬워야 함)이 도출되었으며, 각 항목에 대해 경쟁자와 A사의 제품 수준을 아래 그림에 나타내었다.

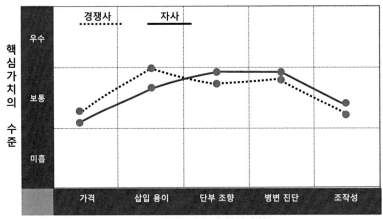

사례와 같이 점선으로 표시된 경쟁사와 실선으로 표시된 대상 기업의 전략에 뚜렷한 차별점이 보이지 않는 경우가 많다. 경쟁자와 유사한 전략으로는 시장에서 살아남기 어렵다고 판단된다면 변화방향을 찾아야 한다.

경쟁사에 비해 어떤 차별화된 가치를 제공하는 것이 좋은지 찾기 위해 다양한 분석을 하고, 이를 종합하여 전략 캔버스를 개선함으로써 변화방향을 결정할 수 있다. 전략 캔버스 개선을 위한 액션 프레임워크는 [제거], [감소], [증가], [창조]이다.

- [제거] 업계에서 당연히 핵심 가치로 받아들이고 있으나 제거할 수 있는 요소는 무엇인가?
- [감소] 업계의 표준 이하로 감소해도 시장(고객)이 원하는 가치를 크게 훼손하지 않으면서 비용을 크게 절감할 수 있는 요소는 무엇인가?
- [증가] 업계의 표준 이상으로 올리면 시장(고객)에게 큰 가치를 제공할 수 있는 요소는 무엇인가?
- [창조] 업계가 아직 제공하지 않았던 요소로서, 새롭게 도입하면 시장(고객)에 큰 가치를 제공할 수 있는 요소는 무엇인가?

제거, 감소, 증가, 창조 항목은 비용 대비 효용 즉, 가치를 고려해야 한다. 성능이 우수하면 좋겠지만 성능의 가치 이상의 비용이 소요되거나 다른 중요한 부분이 희생되어야 한다면 재고할 필요가 있다.

$$\text{고객에 제공하는 가치} = \frac{\text{효용}}{\text{비용}}$$

관절 내시경 사례에서는 다각도의 분석[25]을 통해 다양한 키워드가 얻어졌는데 제거/감소/증가/창조의 프레임워크에 기반하여 정리한 결과, 업계 평균보다 '가격 경쟁력'을 높이고, '수술 중 위험 발생 차단 기능'을 새롭게 도입하여 경쟁력을 높인 새로운 전략 캔버스를 설계했다. 그 결과 다음 그림의 회색 점선에서 붉은색 실선으로 전략 캔버스가 변화하였다.

---

25 분석 사례는 6장 중반부에 설명한다.

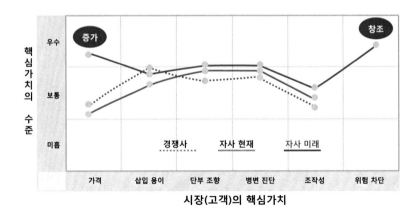

이제 가격 경쟁력을 크게 향상시킬 수 있는 방안과 수술 중 발생하는 위험을 차단할 수 있는 기술을 구체화해야 한다. 이렇게 방향이 정해지면 특허분석에도 집중력이 생긴다.

차세대 개발 방향 도출을 위한 특허분석과 환경분석

현재를 진단하면 곧바로 '제거', '감소', '증가', '창조'할 항목이 떠올라 차세대 개발 방향을 정할 수 있는 것은 아니다. 경쟁자에 비해 시장(고객)에 제공할 차별화된 가치를 도출하려면 상당한 노력이 필요하며 다양한 정보와 방법이 활용될 수 있다. 이러한 방법을 설문, 관찰, 통찰, 분석으로 구분하였으며 이 책에서는 '분석'에 대해 주로 설명하고자 한다.

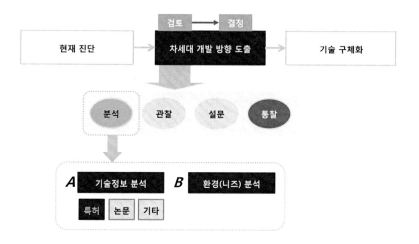

- **[설문]**은 전문가 또는 고객을 대상으로 질문하여 답을 얻는 것인데, 시간과 비용이 많이 소요되고 적절한 질문을 던지지 못하거나 고객이나 전문가가 자신들의 니즈를 미처 깨닫지 못할 경우 원하는 결과를 얻을 수 없다.

- **[관찰]**은 설문의 단점을 해결할 수 있는 방법이다. 묻지 않고 고객의 행동을 관찰하여 숨겨진 니즈를 찾아낼 수 있다.
- **[통찰]** 차세대 개발방향을 도출하는 방법으로의 통찰은, 통념에서 벗어나 상황을 다르게 인식함으로써 문제의 본질, 새로운 시장 니즈를 찾는 것이라고 할 수 있다.
- **[분석]**은 설문이나 관찰을 통하지 않고 관련 자료와 상황을 분석하여 논리적으로 문제점과 니즈를 도출하는 방법이다. 분석의 대상은 다양하겠지만 '기술자료 분석'과 '환경분석'으로 구분하고 특히 기술자료 중에서도 '특허정보 분석'과 이를 보완할 수 있는 환경분석 중심으로 설명하고자 한다.

특허로부터 경쟁력을 높일 수 있는 아이디어들을 찾고 개량하여 차세대 개발전략을 수립할 수 있다. 해당 제품이 기술 의존도가 높고 외부환경 요인에 의해 제품의 설계가 크게 변동될 가능성이 적을수록 특허정보 분석이 유용하다.

반면, 제품이 시시때때로 변하는 고객의 니즈, 주변 기술이나 인프라 등 다양한 외부 요소에 영향을 받는 경향이 크다면 과거 기술 정보인 특허에 주로 의존하여 개발전략을 도출하는 것이 타당하지 않은 경우가 많다. 이때는 환경변화와 고객니즈 등 변화 요인을 분석하는 것의 중요성이 높아진다. 환경요인에 영향이 크거나 발전 트렌드의 변화가 예상되는데도 특허분석에만 의존할 경우 전략대로 개발을 완료해도 시장 변화 방향과 맞지 않는 상황이 발생할 수 있다.

특허분석과 환경분석을 병행하고 결과를 종합적으로 판단하여 개발
전략을 정하는 것이 바람직하다.

A 특허분석	**B 환경분석**
• 외부 환경에 의한 트렌드의 변화는 크지 않다.	• 트렌드에 영향을 주는 외부 환경 요인이 많다.
• 현재의 트렌드가 계속 유지될 것 같다.	• 시장, 고객의 니즈에 부합하는 아이디어 도출
• 특정 기술이 트렌드를 주도한다.	이 중요하다.
유효 공백 기술 도출	Multiscreen 분석
동종 기술 발전 트렌드 분석	제품 전주기 분석
이종 기술 발전 트렌드 분석	시장 니즈 분석
OS matrix 분석	기술 요소 분석

위 그림의 A 특허분석이나 B 환경분석 모두 목표는 개발전략 도출이
다. 지향점에 대한 키워드를 찾는 것이다. 이러한 특허분석 방법으로서
유효공백기술 도출을 위한 매트릭스 분석, 기술발전 트렌드 분석을, 환
경(니즈)분석 방법으로는 multiscreen 분석, 제품 전주기 분석, 시장 니
즈 분석, 기술 요소 분석을 들 수 있다.

차세대 변화방향, 차세대 니즈에 관한 키워드가 얻어지면 이들을 종
합하거나 가장 임팩트가 클 것으로 기대되는 변화방향/키워드들을 중
심으로 차세대 개발전략을 정한다.

[통찰] 차세대 개발 방향 도출을 위한 통념 깨뜨리기

당연하다고 받아들여지는 것들을 과감히 비틀어 참신한 개발방향을 도출할 수 있다. 기존의 것을 부정하고 다른 관점을 도입하여 사업적으로 성공한 다양한 사례들이 '디스럽트'[26]에서 소개되고 있다.

예를 들면, 양말은 동일한 두 개가 짝으로 구성된다는 것이 통념이지만, 각각 다른 3개로 구성한 양말을 판매하여 대박을 터트린 회사가 있다. 운동화는 운동할 때 신는 편한 신발이라는 통념을 깨고 하이힐에 운동화 디자인이 결합된 신발도 패션 아이템으로 인기이다.

통념을 깨기 위해 해당 제품에 대해 당연히 기대되는 물성, 기능을 나열하고 반대 물성이나 기능을 도출한다. 대칭 구조를 비대칭 구조로, 얇은 것을 두껍게, 빠른 것을 느리게 하면 어떨까 생각해보는 식이다. 통념의 반대 특성을 가진 제품이 세분화된 시장에서 수요가 있는지 판단한다.

---

26 『디스럽트(Disrupt)』, 루크 윌리엄스(Luke Williams), 김지현 역, 황소자리

〈특허분석_공백기술 도출하기〉

특허의 공백을 찾아 선점하는 전략으로 차세대 개발전략을 수립할 수 있다. 다만, 모든 경우에 이러한 방법이 효과적인 것은 아니다. 제품과 기술에 따라 특허의 공백을 찾기가 거의 불가능할 수도 있으며, 찾아낸 공백이 연구개발의 가치나 권리확보 필요성이 없는 경우도 많다. 따라서 공백영역 도출 방법을 적용하기 전에 이 방법이 적합한 분야인지 검토해 보아야 한다.

공백영역 도출 방법이 적합한 경우

- 외부 환경에 의한 트렌드의 변화는 크지 않거나, 트렌드의 큰 틀이 이미 정해져 있음
- 아직 기술이 성숙되지 않아 유망한 공백이 상당히 있을 것으로 예상
- 요구되는 성능, 물성이 명확함
- 요구 조건을 만족시키는 다양한 경우의 수가 있으나, 이를 범주로 구분 가능
- 특허권 침해 이슈가 심각하고, 특허권이 없으면 제품판매가 불가능하거나 매우 어려움

공백영역 도출방법이 부적합한 경우

- 새로운 기술, 새로운 기능이 제품에 빠르게 도입, 미래에 새로운 기능이 요구될 가능성이 높음
- 기술이 성숙되어 의미 있는 공백영역이 존재할 가능성 낮음
- 요구 성능, 기능이 매우 다양하고 중심이 되는 기술의 범주를 정하기 어려움
- 특허 분쟁이 거의 없고, 특허권을 확보해도 사업에 별다른 영향이 없음

정리하면 아래와 같은 요건을 충족해야 공백영역 도출 방법을 적용하여 차세대 개발 방향을 찾을 수 있으며 이에 적합한 기술로는 전자정보

소재, 제약, 특화된 부품 등을 들 수 있다.

(1) 의미 있는 공백이 남아있을 가능성이 상당
(2) 찾고자 하는 기능, 성능에 관한 중심 기술을 정의하는 것이 가능
(3) 분석할 범위를 정해서 울타리를 칠 수 있으며, 울타리 밖에는 유효한 것이 거의 없다는 합리적인 추정 가능

OLED 소재 기술

다음은 평판 디스플레이용 소재에 관한 공백영역 도출 예시이다. 대상 물질은 에너지 밴드 갭, 열적 안정성 등의 물성 범위가 정해져 있어 이를 만족하는 물질의 구조, 크기 등을 어느 정도 예측할 수 있다. 그러나 가능성 있는 물질들이 수백 종이 넘고 세부구조는 더욱 다양하여 실험을 통해 모든 가능성을 검토하고 최적 물질을 선택하는 것이 거의 불가능하다.

또한 이 분야는 특허분쟁이 빈번하여 분쟁가능성이 있는 물질은 우수한 성능에도 불구하고 고객사에서 채택을 꺼린다는 문제가 있다. 이러한 상황을 고려할 때, 차세대 물질 개발전략에 특허권의 공백영역 도출 방법을 사용하는 것이 효과적이다. 차세대 제품 전략을 도출한 과정은 다음과 같다.

우선 공백을 찾을 범주를 정하기 위해 물질의 구조를 코어(중심)와 치환체로 구분하고 코어와 치환체에 사용될 수 있는 단위물질을 도출하였다.[27]

각 물질들을 상·하위 개념, 유사개념을 고려하여 통합, 계층화하고 적합한 분류코드를 부여하였다. 분류코드는 다음 그림의 코어 분류 시스템과 같이 알파벳 순서로 하거나 해당 물질임을 직관적으로 알 수 있는 약자로 할 수도 있다.

---

27 분류 체계를 구축하기 전에 원하는 성능의 물질이 이 범위를 벗어날 가능성이 거의 없다는 기술 전문가들의 확인이 필요하다.

#			#		
1	A		9	I	-
2	B		10	J	-
3	C		11	K	-
4	D		12	L	-
5	E		13	M	-
6	F		14	N	-
7	G		15	O	-
8	H	-	16	P	-

키워드 검색, 노이즈제거, 관련성 판단 등의 순서로 분석 대상 기술/물질에 관한 특허를 찾았으며[28] 각 특허의 물질을 분석하였다.

분석하고자 하는 기술이 1종류인 경우는 단일 분류 시스템으로, 분석하고자 하는 기술이 2종류인 경우, 예를 들어 코어 구조와 이에 연결된 치환체 물질이 무엇인지 분류하고자 한다면 코어와 치환체 각각에 대한 분류 체계를 준비해야 한다. 분류 1, 분류 2를 나란히 배치할 수도 있고 분류 1을 세로에 분류 2를 가로에 배치할 수도 있다.

---

[28] 예시와 같은 물질 분석의 경우는 물질 전문 특허 DB(STN, Scientific & Technical Information Network)을 활용하는 것이 바람직하다. STN DB에서 검색하려면 교육이 필요하며, 전문가에게 검색을 의뢰할 수도 있다.

특허번호	서지사항	분류 코드										
		A	B	C	D	E	F	G	H	I	J	K

1종류 분류시스템

특허번호	서지사항	분류 1(코어 코드)								분류 2(치환체 코드)							
		A	B	C	D	E	F	G	H	a	b	c	d	e	f	g	h

2종류 분류시스템 type A

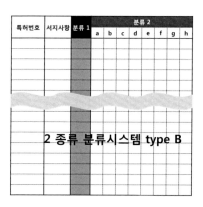

특허번호	서지사항	분류 1	분류 2							
			a	b	c	d	e	f	g	h

2 종류 분류시스템 type B

각 특허에 언급된 물질에 대해 분석항목과 코드번호에 따라 코어와 치환체를 분류하고[29] 결과를 종합하였다. 아래 그림은 15개의 코어와 28개의 치환체가 조합된 420가지의 물질이 특허에 출현한 빈도를 나타낸 것이다. 관련 특허가 많을수록 색깔을 진하게 나타내어 시각적으로 연구개발이 집중되는 분야를 쉽게 알 수 있다.

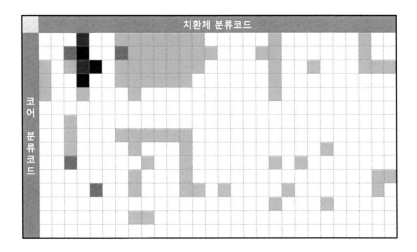

공백/집중분야 맵을 얻은 후에도 공략해야 할 곳이 바로 보이지는 않는다. 특허가 하나도 없는 곳들 중에서 선택할 수도 있고 몇몇 특허가 출원된 세부기술을 선택할 수도 있다. 산업의 특성과 기업의 경쟁력 등에 따라 전략적인 판단이 필요하다.

특허가 전혀 없는 세부기술은 아무도 관심을 두지 않아 넓은 권리를 독점할 수 있다는 장점이 있지만 성능이 '꽝'일 확률도 상당하다. 반면 몇 개의 출원이 있는 분야는 특허 분쟁가능성이 있고, 넓은 특허를 가질 수 없다는 문제가 있지만 기본적인 성능을 파악할 수 있으므로 이들 중에서 선택하면 실패 가능성을 낮추고 개발 기간도 줄일 수 있는 장점이 있다.

---

29 화합물, 소재 특허인 경우, 마쿠쉬 타입 청구항으로 작성되어 여러 물질을 포함하고 있는 경우가 많다. 청구항의 권리범위에 속한 물질들을 찾아내어 분류 코드에 따라 분석하는 것이 실질적으로 어렵다. 그러나 실시예의 물질보다 특허의 권리범위는 더 넓을 수 있으므로 실시예 물질로 공백을 도출하여 개발 후보 물질을 정한 후에, 그 물질이 침해를 구성하는 특허가 있는지 판단해야 한다.

이 사례에서는 차세대 유망물질 420가지 조합 중 출원이 집중된 분야와 전혀 없는 분야를 차세대 사업 후보에서 제외하였다. 소수의 특허가 출원된 세부기술을 추출하여 각 세부기술에 대해 고객 관점에서 시장트렌드[30] 부합 정도와 특허분쟁가능성[31]을 판단하여 최종 후보를 선정하였다.

선정된 후보는 세부구조를 다양하게 변형하여 컴퓨터 시뮬레이션을 수행하였으며, 시뮬레이션에서 우수한 성능을 보인 물질들로 연구를 집중할 수 있었다.

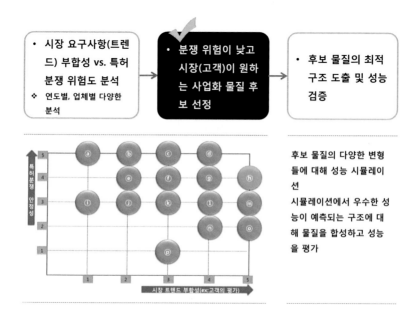

---

30 시장트렌드는 연도별 연구현황, 다각도로 입수한 시장 트렌드, 고객의 의견 등을 통해 다각도로 판단하였다.

31 세부기술에 대한 특허가 많을수록 특허분쟁가능성이 높다고 합리적으로 추정하여 점수를 부여할 수도 있고, 권리범위를 분석하여 문제가 되는 특허가 존재하는지에 따라 평가할 수도 있다.

〈특허분석_이종 기술 발전 트렌드 참조하기〉

기술 분야는 달라도 발전 경로가 매우 유사한 기술들이 있다. 도입기 또는 성장기 단계의 기술을 개발하고 있을 때, 유사 경로로 발전한 성숙기 또는 쇠퇴기의 기술을 알 수 있다면 차기 개발전략을 수립하는데 상당한 힌트를 얻을 수 있다.

중요한 것은 발전 경로가 유사하여 아이디어를 얻을 수 있는 '성숙기술'을 찾는 것이다.

광학필름 기술

소기업 A사는 중공실리카를 이용한 광학 필름을 개발하고 있다. 당시 시장에는 여러 가지 제품이 있었으나 중공실리카를 사용한 것은 없었다. 이 광학필름은 디스플레이 제품에서 반사를 방지하는 역할을 하며 구조와 구성은 아래 그림과 같다. 기재, 점착제, 이형 필름으로 구성된 기재층이 있고 그 위에 중공실리카 입자가 균일하게 분포되어 있으며 실리콘 입자가 고정되고 기재에 부착될 수 있도록 잡아주는 역할과 굴절률을 조절해주는 바인더가 있다.

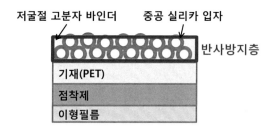

반사방지 필름에서 핵심적인 기능을 하는 반사방지층에 집중해서 아래 그림과 같은 순서로 차세대 개발전략을 찾아보았다.

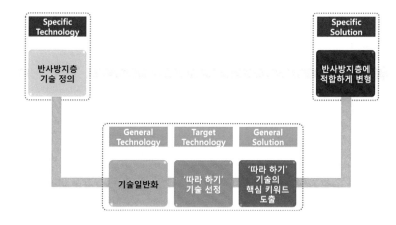

우선 대상 기술을 정의하고 일반화해야 한다. 중공실리카 반사방지 필름의 구성을 일반화하면 미세입자(중공 실리카)와 바인더(굴절율 조절 바인더)를 혼합하여 기재 위에 얇은 층을 형성한 것이다.

일반화한 기술요소인 미세입자, 바인더, 기재로 구성된 '따라 하기' 기술로, 리튬이온 2차 전지 전극 기술이 도출되었다.[32] 광학필름과 리튬이온 2차 전지 전극은 전혀 다른 분야이지만 일반화된 구성을 살펴보면 아래 그림과 같이 구성요소가 서로 매칭됨을 알 수 있다.

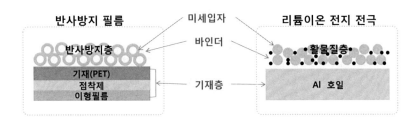

리튬이온 전지 전극 기술은 오랜 기간 동안 국내외 대기업과 연구기관에서 수많은 연구를 수행하여 발전시킨 성숙기술이다. 리튬이온 전지 전극 기술의 발전 트렌드를 분석하여 핵심 키워드를 도출하면 유사한 기술구성을 가진 반사방지 필름에도 의미가 있을 가능성이 높다.

핵심 키워드를 도출하는 방법은 관련 특허 기술의 연도별 변화 포인트를 찾아 기술 흐름을 분석하거나 전문가로부터 기술의 발전 트렌드에 대한 의견을 듣는 것 등이다. 사례에서는 연도별 특허 기술을 살펴본 후 기술 발전 단계별로 나타난 기술 특징을 도출하였으며 그림과 같이 전극층과 활물질 입자에 관한 것으로 구분하였다.

---

32 세 가지 구성을 모두 포함하되 다양한 표현을 고려해서 검색식을 도출한다. 실제로 관련된 용어를 찾고 '발전경로가 유사한 기술'을 정하기 위해서는 다양한 지식과 스킬이 필요하다. 자세한 방법은 2가지 예시 뒤에서 설명하고자 한다.

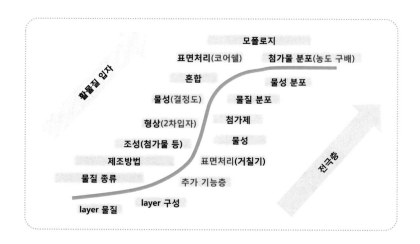

리튬이온 2차 전지 발전 트렌드에서 뽑은 핵심 키워드를 반사방지 필름에 적용하기 위해서는, 핵심 키워드가 반사방지 필름에 어떻게 적용 가능한지, 가치향상을 가져 올지에 대한 판단을 해야 한다.

예를 들면 '첨가물 농도 구배'이라는 키워드를 활용하려면 첨가물질을 도입하는 대상과 위치, 어떠한 효과를 위해 도입해야 하며, 어떤 첨가물이 필요한지 등을 검토해야 한다. 아래 그림과 같이 반사방지 필름을 구성하는 각 구성요소를 분해하고 중요 구성요소에 대해 형상, 구조, 물성 등을 더욱 세분화하여 살펴보면 핵심키워드를 어디에, 어떻게, 얼마나, 무엇을 위해 적용해야 하는지 빠짐없이 체계적으로 검토할 수 있었다.

항목 1	
전체 layer 구성	반사방지층
	기재
	점착제
	이형지
반사방지층의 물질	실리카 중공입자
	실리카 표면 개질 물질
	저굴절 유기소재
	개시제
	분산제
	대전방지제
	실리카 이외 무기, 유기 입자 등
반사방지층의 조성비	중공입자 비율(질량, 부피)
	유기소재 비율
반사방지층의 물성	물리적 특성
	화학적 특성
	열적 특성
	광학적 특성
	전자기적 특성

형상과 크기(Dimension)	크기(지름)
	형태(원형, 타원형)
	쉘 두께
주된(bulk) 물질	실리카 종류
	도핑 (종류, 함량)
	이종 물질 혼합 (종류, 함량)
	중공에 물질 도입 (종류, 방법)
표면 물질	표면만 도핑
	작용기, 이온 부착
	고분자 부착
	전하, 자성물질
주된(bulk) 모폴로지	기공 (기공크기, 기공율)
	표면적
	분포, gradient
	결정성
표면 모폴로지	거칠기
	기공율
주된(bulk) 물성	물리적 특성
	화학적 특성
	열적 특성
	광학적 특성
	전자기적 특성
표면의 물성	물리적 특성
	화학적 특성
	열적 특성
	광학적 특성
	전자기적 특성

그 결과, 중공 실리카와 다공성 실리카의 혼합 조성, 실리카 표면에 gradient 형성하기 위한 멀티코팅 기술, 2차 입자 실리카 구조 최적화 등 경쟁사보다 성능과 경제성을 확보할 수 있는 개발방향을 도출할 수 있었다.

세포 배양 시스템 기술

중견기업 B사는 세포배양 시스템 사업 추진을 결정하였다. 시장에는 이미 판매되는 제품도 있지만 비교적 초기 단계로 아직 발전의 여지가 충분하다고 판단하였다.

세포배양 시스템은 타겟 세포를 배양하고 배양이 충분히 이루어지면 배양된 세포를 회수하는 장치이다. 세포를 배양하려면, 배양하고자 하는 세포가 잘 붙는 표면과 배양에 적합한 다공성 공간이 있어야 하며, 배양액이 세포에 지속적으로 공급되고, 배양된 세포를 활성을 유지한 상태로 부착된 표면으로부터 용이하게 분리할 수 있어야 한다.

개발 아이디어를 얻기 위해 세포 배양 시스템과 유사한 구성을 가지는 성숙제품을 찾아보았다. 가정용 또는 산업용으로 사용되는 필터 장치는 얼핏 생각하기에 세포 배양 시스템과 매우 다르지만 서로 매칭되는 구성요소를 가지고 있었다. 필터 장치도 이물질이 붙을 수 있는 표면과 다공성 공간이 필요하며 이물질을 포함한 유체가 지속적으로 유동되어야 하고 이물질의 흡착이 일정 수준 이상이면 필터를 교체하거나 흡착물을 제거해야 한다.

두 가지 시스템의 목적과 세부 기술은 분명 다르다. 배양 세포와 적합한 미세섬유의 표면 물성과 구조 등은 필터의 것을 '따라 하기' 부적합하나, 다공성 공간을 유지하고 미세섬유 표면과 유체가 접촉하는 면적이 최대가 되도록 하며, 동시에 유체를 원활하게 순환시키는 등의 기술은 필터 기술과 상당히 유사하다.

	세포 배양 시스템	필터 시스템
구성 요소	미세 섬유	미세 섬유
	다공성 구조(공간)	다공성 구조(공간)
	구조의 지지체	구조의 지지체
	배양되는 세포	침적되는 미세 이물
	배양액(유체)	이물을 포함한 유체
	배양액 이동 동력/제어	유체 이동 제어/동력
요구 특성	• 세포가 부착하여 성장하는 데 적합한 미세구조 • 세포가 부착하는데 적합한 표면 성질(물질..) • 배양된 세포를 잘 분리	• 이물이 잘 걸리는 미세구조 • 이물을 잘 흡착하는 표면 물성 • 이물이 침적되면 제거 용이

전문가의 의견이나 관련 특허의 수로 볼 때, 세포 배양 시스템에 비해 가정용/산업용 필터 기술은 성숙기 기술이다. 필터 구조에 관한 특허를 살펴보면 표면적을 최대화하고 유체가 원활하게 통과할 수 있도록 하기 위한 다양한 기술이 공개되어 있다.

이차전지 전극의 경우와 같이, 관련 특허 기술의 발전을 연도에 따라 파악하고 핵심 키워드를 도출하여 세포배양시스템에 적용 가능한지 어떻게 변형하여 적용할지를 고민하여 차세대 개발방향을 도출할 수 있다. 유사한 고민을 먼저 한 이종 기술 분야 연구자로부터 도움을 받는 것이다.

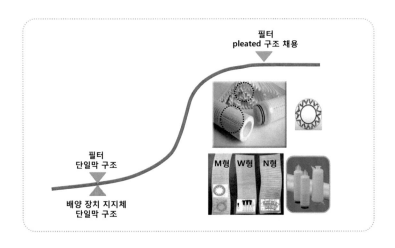

핵심키워드를 공유하는 타 분야 기술의 발전 트렌드를 따라 하는 전략으로 차세대 개발방향을 도출한 사례를 살펴보았다. 이러한 방법을 적용하려면 대상 기술의 구성/목적을 일반화하여 답을 찾는 것이 의미가 있어야 한다. 반면 다른 분야에서 요구되지 않는 독특한 특성/물질에 관한 것은 '따라 하기' 방법이 부적합하다.

이종 기술 '따라 하기' 방법이 적합한 경우

- 기계적, 기구적, 구조적, 알고리즘적인 기술이 핵심 기술 중 하나로서 일반화 가능한 기술
- 도입기 또는 성장기 초기의 기술로 더욱 개량할 여지가 많다고 생각되는 기술

이종 기술 '따라 하기' 방법이 부적합한 경우

- 다른 분야에서 요구되지 않는 독특한 특성에 관한 것, 예를 들어 물질과 관련된 기술
- 일반화 하기 어려운 기술

'따라 하기' 기술을 찾으려면 '기술의 구성 요소'와 '기술의 목적'을 분석해야 한다.

서로 다른 분야라도 기술의 구성요소가 서로 매칭되면 매우 유사한 경로를 따라 발전할 가능성이 있다. 대상 기술의 필수 구성요소를 도출하고 이것을 공유하는 성숙기 기술을 찾는다. 분야가 다르면 다른 용어로 표현되므로 필수 구성요소 각각을 다양한 표현으로 확장하여 키워드를 구성하는 것이 필수적이다.

필수 구성이 a(중공 실리카 입자), b(고굴절율 고분자), c(투명 소재 필름)일 때, 다음 그림과 같이 '따라 하기' 기술을 찾는 키워드를 구성할 수 있다. 일반화된 용어인 A(미세입자), B(결합제), C(기판)에 대해 구글, 특허 검색 엔진 등으로부터 여러 가지 다른 표현을 찾아 병렬로 연결한다.[33]

---

33 각 한국어 키워드에 대응하는 영어 표현도 추가한다. 여기서는 생략했다.

```
[A or A' or A" or a' or a"...] and [B or B' or B" or b' or b"...] and
              [C or C' or C" or c' or c"...]
```

구체화

```
[입자 or 미립자 or 분말 or 파우더 or 비드 or 활물질 or 산화물 ...] AND [바인더 or
   고분자 or 폴리머 or 접착물질 or 결합제 ...] AND [기재 or 기판 or 필름 ...]
```

두 번째, 기술의 목적 매칭은 구성요소에 관계없이, 추구하는 목적이 동일한 이종 기술 분야를 찾는 것이다. 해결해야 할 문제, 개선해야 할 특성 등 기술적 문제와 관련된 키워드를 도출하고 다양한 표현을 고려하여 이것을 다루고 있는 기술을 검색한다.

앞서 다룬 세포 배양시스템에서 배양 후 세포를 미세구조물로부터 분리할 때 세포 손상이 문제라면, '접착', '분리', '손상'을 핵심 용어로 하여 검색식을 구성할 수 있을 것이다. '세포'나 '배양'을 키워드에 넣으면 이종 기술 분야로 확장할 수 없다.

구성요소 또는 목적에 따라 키워드를 구성하고 관련특허를 검색한 후[34], 검색된 특허 리스트에 속한 기술을 특허분류코드[35] 등 다양한 방법으로 묶어 구분하고 이중 오랜 기간 동안 많은 특허가 출원된 기술을 '따라 하기' 기술로 정한다. '따라 하기' 기술은 기술성장 주기에서 성장기 후기, 성숙기 또는 쇠퇴기에 위치하고 오랜 기간 연구가 집중된 분야로서 특허 건수가 많은 분야가 적합하다. 한마디로 말해서 수많은 사람들이 오랫동안 고민하고 온갖 아이디어를 도출해낸 분야이다.

타겟 기술과 '따라 하기' 기술은 거리가 있는 산업에 속할수록 타겟 기술에서 시도하지 않은 신선한 아이디어를 얻을 가능성이 높다.

---

34 특허 검색은 요약, 대표 청구항에 한정하여 진행한다. 명세서 전체로 하게 되면 해당 특허의 기술에 대한 배경기술 내용까지를 포함하게 되어 관련도가 낮은 특허를 포함하게 된다.

35 특허의 기술 내용에 따라 체계적인 분류코드가 부여된다. 대부분의 특허 검색 DB는 검색된 특허 리스트를 분류코드에 따라 묶어서 보여주는 기능이 있다.

이제 차세대 개발전략 방향을 찾기 위한 '환경분석'을 살펴보자. 예를 들어 'CPU 속도'와 같은 핵심 기술의 고도화보다 고객이 원하는 기능, 주변 기술의 변화 등을 빠르게 반영하는 것이 사업에 큰 영향을 주는 분야는 특허분석만으로 개발방향을 정하면 시장과 다른 방향으로 갈 가능성이 있다.

환경분석은 특허분석과 병행하거나 환경분석으로 얻는 관점/방향에 대해 특허분석을 후속으로 진행할 수 있을 것이다. 몇몇 환경분석 방법과 사례를 설명하고자 한다.

〈환경분석_Multiscreen 분석〉

Multiscreen 분석은 **관심 기술·제품**(system), 그것의 **상위 시스템** (supersystem), **하위 시스템**(subsystem)에 대해 과거, 현재, 미래의 시간 흐름에 따라 시장의 니즈, 변화방향을 정리하여 미래 핵심 변화요인을 찾을 수 있는 프레임이다.

- Supersystem은 system이 적용되는 응용제품, 사용 환경, 사용자, 인프라, 기타 환경요인 등이다.
- subsystem은 system을 구성하는 부품, 소재, 장치, 소프트웨어 등의 세부 기술이다.

다음 그림은 multiscreen 분석 프레임이며 Supersystem과 subsystem의 세부 내용은 자유롭게 구성할 수 있다.

P.E.S.T.(politcal, economic, social, technical) 분석은 경영에서 사용되는 거시환경분석 프레임으로서 정치적, 경제적, 사회적, 기술적 환경 요인 중 시장 니즈에 영향을 주는 큰 구동력(driving force)을 살펴볼 수 있다.[36] 거시환경을 supersystem으로 반드시 분석해야 하는 것은 아

---

36 P(political factor)는 중국의 사드 관련 정책, 환경 규제 등을 예로 들 수 있으며, E(economic factor)는 특정 자원 가격 상승, 환율, 유가, 구매력 상승 등의 경제적 요인,

니며 관심 제품·기술(system)보다 상위 개념에 해당되는 관련 요인은 supersystem 항목이 될 수 있다. 예를 들어 부품이 system일 때, 전자 제품이 supersystem이 될 수 있다. 과거, 현재의 전자제품을 분석하고 미래의 전자제품의 기능, 형태 등을 합리적으로 예측하여 부품에 요구되는 변화키워드를 발견할 수 있을 것이다.

Subsystem은 system을 구성하는 요소 중 핵심적인 것을 고른다. 예를 들어, 부품이 system이면 부품을 구성하는 소재가 subsystem이 될 수 있다. 미래에 해당 소재가 자원이 고갈되어 비싸지거나, 투명한 것이 가능해지거나, 지금보다 훨씬 고온에서 견딜 수 있게 된다면 부품의 개발 방향에 영향을 미칠 것이다.

Supersystem, system, subsystem을 구성하는 요소들을 도출하고 각 항목에 대해 과거, 현재의 상황과 가까운 미래, 비교적 먼 미래에 예상되는 변화를 예측하여 핵심적인 이슈를 찾아낸다.

이러한 분석의 장점은 관심 system만 보지 않고 그 system의 변화 트렌드에 영향을 미치는 다양한 요소를 빠짐없이 검토할 수 있다는데 있다.

S(social factor)는 노인 인구 비율 상승, 욜로 문화, 혼밥족 증가, 출산율 저하, 미세먼지 심각 등의 사회 문화적인 요인, T(technical factor)는 4차 산업혁명, 3D프린팅 기술 보급, 그래핀 신소재 대량 합성, 자율주행차의 등장 등 파급력이 큰 기술적 변화에 관한 것이다.

		과거	현재	미래 1	미래 2
Supersystem C (거시환경)	Politics(규제, 지원 등)				
	Economics(경제)				
	Social(사회, 문화)				
	Technology(기술)				
Supersystem B (사용환경)	환경 1				
	환경 2				
	환경 3				
Supersystem A (응용제품)	제품 1				
	제품 2				
System(관심 기술/제품)					
Subsystem a (구성요소)	부품 1				
	부품 2				
	부품 3				
	부품 4				
Subsystem b (세부 기술)	소재				
	제조방법				
	장치				
	구동원리				

사례

정형외과용 내시경 기술

다음 그림은 정형외과용 내시경에 대한 multiscreen 분석 사례이다. supersystem 요소로 거시환경, 환자/증상, 수술환경, subsystem 요소로 핵심부품, 소재가 분석되었으며 그 결과 (1) 고령환자 증가, (2) 로봇 수술, (3) CMOS 채용증가, (4) 다양한 수술과 치료로 확대 등이 미래 변화트렌드로 도출되었다. 이러한 변화에 요구되는 기술들을 폭넓게 논의하여 '수술 중 발생하는 위험 대처 방안이 보강된 제품', '수술 도구와 내시경의 결합 제품'이 차세대 개발 방향으로 결정되었다.

제품 개발 방향이 결정되면, 관련 특허의 기술을 분석하여 세부 설계와 기술적 구현 방법을 찾는다.

Multiscreen 분석		과거 ~2011	현재 2012~2016	미래 2017~
Super system (환경요인)	Political			의료보험 수가 변화 의료 관련 정부지원금 확대
	Economic			고가 수술 수요 증가 주요부품 가격 하락
	Social		고령화 계속 출산 감소로 아동 비율 감소	고령환자 비율 증가
	Technical		디지털 기술, 영상 처리기술 지속 발전	디지털 기술, 영상 처리기술 지속 발전
Super system (환자/증상)			자동차 사고 등 외상 환자 상당 노인성 관절 환자 증가	노인성 관절 질환 비율 지속 증가 다양한 치료 수술도구 적용 필요
Super system (수술환경)		수술 중 상황판단이 의사 직관에만 의존(수술 부위 과열, 과다 출혈 위험 등) 병변 부위 정보 오판 가능성	의사 직관에만 의존 여전(수술 부위 과열, 과다 출혈 위험 등) 병변 부위 정보 오판 가능성	로봇 수술 비율 증가 정밀수술 수술 상황 판단이 자동화 침습 부위 최소화
System (관절내시경)		현미경 수술	경성 내시경 대세(회전 불가능) 연성 내시경 일부 사용	용도 세분화, 소형 경량화 연성 내시경 적용 확대 삽입부 직경 더욱 감소 회전 각도, 편리성, 신뢰성 강화
Subsystem (핵심 부품)		광학 시스템	직경이 작은 내시경엔 광섬유 채용 2차원 이미지(병변 부위 크기, 곡률 측정 어려움)	CMOS 소형화로 직경이 작은 내시경에 채용 3차원 이미지 프로세서 일반화
Subsystem (소재)		광학렌즈, 광파이버 등 기본 기술 완성	광학렌즈 소재 개량(소재에 따라 광각 구현)	120도 이상 광각 구현 렌즈 소재 개발 예상

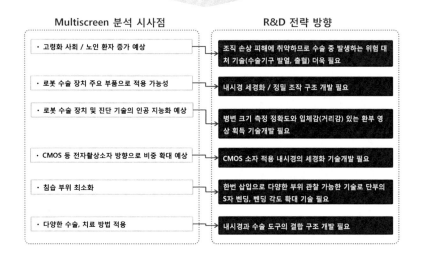

Multiscreen 분석 시사점

- 고령화 사회 / 노인 환자 증가 예상
- 로봇 수술 장치 주요 부품으로 적용 가능성
- 로봇 수술 장치 및 진단 기술의 인공 지능화 예상
- CMOS 등 전자촬상소자 방향으로 비중 확대 예상
- 침습 부위 최소화
- 다양한 수술, 치료 방법 적용

R&D 전략 방향

- 조직 손상 피해에 취약하므로 수술 중 발생하는 위험 대처 기술(수술기구 발열, 출혈) 더욱 필요
- 내시경 세경화 / 정밀 조작 구조 개발 필요
- 병변 크기 측정 정확도와 입체감(거리감) 있는 환부 영상 획득 기술개발 필요
- CMOS 소자 적용 내시경의 세경화 기술개발 필요
- 한번 삽입으로 다양한 부위 관찰 가능한 기술로 단부의 S자 벤딩, 벤딩 각도 확대 기술 필요
- 내시경과 수술 도구의 결합 구조 개발 필요

〈환경분석_제품의 전주기 분석〉

 차세대 개발 방향은 주로 제품 자체의 특징이나 성능에 관한 경우가 많다. 그러나 제품의 핵심 성능에서 차별화가 어렵다면 차세대 제품의 개발 방향을 찾는 시야를 넓혀볼 필요가 있다. 원재료/부품 수급, 제조, 운송, 유통, 사용, 폐기에 이르는 제품 생애 전주기를 분석하는 것도 이러한 방법 중 하나다.

 아래 그림은 제품의 전주기 분석을 통해 R&D 방향을 도출하고자 하는 분석 프레임의 예시이다. 제품의 생애 단계를 구분하고 제품의 가치에 영향을 크게 미치는 단계는 세분화한다.

제품 생애 단계	세부공정	문제점 & 가치 향상 위한 개선	R&D 방향
원자재			
제조			
운송			
전시			
구매			
최초 사용			
반복사용			
폐기			

각 단계의 현황과 실시되고 있는 조건을 객관적으로 정리한다. 그다음 각 단계에서 발생하는 문제점과 문제를 일으키진 않더라도 개선되면 제품의 가치를 향상시킬 수 있는 포인트가 무엇인지 찾아본다. 문제점과 개선요구사항으로부터 차세대 개발방향을 도출할 수 있다.

제품 전주기의 문제점과 개선요구사항을 제대로 분석하려면 유통, 연구, 제조 등의 다양한 분야의 전문가와 사용자의 의견을 들어야 한다. 각 단계 관계자들과 소비자의 행동을 잘 관찰하여 경쟁사가 간과하고 있는 핵심 사항을 도출해낼 수 있다면 경쟁력 있는 차세대 연구개발전략을 수립할 수 있을 것이다.

콘텍트 렌즈 기술

시력 교정용 콘택트렌즈의 사례이다. 제조 공정 기술과 소재 기술은 제조업체의 주요 관심사이므로 이미 최적화가 이루어져 있다. 따라서 많은 노력을 해도 별다른 아이디어를 얻기 어려우며, 아이디어가 있다고 해도 모든 것을 새로 시작하는 정도의 변혁이 필요하여 사실상 적용을 하지 못하는 경우가 많았다.

제조 공정 기술과 기본 소재를 그대로 두고 제조업체의 시각에서 벗어나 차세대 개발 아이디어를 찾아보기로 했다. 렌즈의 제품 전주기를 살펴본 결과, 제품이 판매된 이후 사용자가 제품을 눈에 삽입할 때, 제거할 때, 폐기할 때 등에 관한 분석은 심도 있게 다뤄지지 않았다는 것을 발견했다.

눈에서 렌즈를 제거할 때 안구 표면에서 잘 분리되지 않는 원인을 분석하여, 렌즈를 삽입할 때와 제거할 때 요구되는 렌즈의 물성이 다르다는 점을 도출했다. 착용 전후 렌즈가 접하는 환경을 분석하고 물성을 변화할 수 있는 환경 인자를 찾았으며, 논문과 특허로부터 이를 구현하는 물질, 제조방법 등을 구체화할 수 있었다.

제품 생애 단계	세부공정	문제점 & 가치 향상 위한 개선	R&D 방향
원료 합성			
원료 배합			
몰드 성형			
중합			
분리			
수화			
멸균/포장			
배송			
눈에 삽입	• 케이스 개봉 후 손가락에 렌즈를 올리고 안구에 밀어 넣음	• 렌즈를 뒤집어 착용하거나 좌우를 바꿔서 착용 • 착용 과정 중 손가락에서 렌즈 떨어짐 • 눈을 깜박여서 렌즈가 삽입되지 않음	• 뒤집어 착용 가능한 렌즈 렌즈의 좌우를 시각적으로 분명하게 구분
착용		• 눈 충혈, 건조	• 산소투과도, 함수율 등 핵심적인 물성 관련 사항으로 이미 연구개발 진행 중
눈에서 제거	• 엄지와 검지로 렌즈 표면을 잡고 떼어냄	• 렌즈를 제거할 때 렌즈가 안구표면에 밀착하여 잘 떨어지지 않음(눈에서 잘 떨어지게 만들면 형태 유지가 잘 되지 않아 착용하기 어려움)	• 렌즈 착용 전후 물성 변화
보관			
폐기			

〈환경분석_시장 니즈 분석〉

시장이 원하는 바를 중심에 두고 개발방향을 찾는 방법이다.

시장의 변화 방향은 업계가 모두 알고 있을 것으로 생각하지만 그렇지 않을 수도 있다. 성능 향상에 몰입하여 시장의 변화를 간과하는 경우도 있으며 시장 니즈들을 알고 있으나 중요성을 제대로 판단하지 못하는 경우도 있다. 또한 시장 변화의 싹이 아직 잠재되어 파악하지 못할 수도 있다.[37]

특히 핵심성능보다 편리 기능, 외부장치와의 연동, 오락성, 외관 등이 중요한 분야 즉 기술이 범용화된 분야는 기술 고도화에만 몰입할 경우 시장이 원하는 방향과 다른 곳으로 가게 될 가능성이 높다. 또한 높은 성능을 원하지 않는 고객이 꽤 있을 수도 있다.[38]

시장을 분석하려면 우선 고객을 정의한다. 고객을 성별, 소득/매출, 연령, 지역, 기타 특성에 따라 유형(segment)을 구분하고 각 시장의 변화를 분석하면 주요 시장 이외 틈새시장, 향후 성장할 시장의 변화를 찾아

---

37 시장의 잠재된 니즈를 파악하는데 고객의 행동 관찰이 효과적이다.

38 Claton M. Christensen은 저서 '성공기업의 딜레마'에서 성공한 기업들이 주요 고객이 원하는 기술혁신에 몰입하고 저성능 틈새시장을 파고드는 신생기업들을 간과하다가 시장의 주도권을 잃어버린 사례를 설명하였다. 이를 '파괴적 혁신'이라고 한다.

낼 수 있다.

아래 그림은 시장을 분석할 수 있는 프레임 예시이다. 세로축에 시장이 원하는 제품의 속성을 나열한다. 실제 표에는 '기본 성능'이 아니라, '최초 착용감', '장시간 착용감', '사용 후 분리 용이' 등과 같이 구체적으로 표현해야 한다.[39] 가로축에는 고객을 주요 고객, 신규 고객 등과 같이 세분화하고 구매력, 매출 증감, 충성도 등 각 고객 그룹의 특성도 정리한다.

고객군 구분, 각 고객군의 특성 정리

	고객 그룹 1	고객 그룹 2	고객 그룹 3	고객 그룹 4	고객 그룹 5
	주요 고객(50% 이상) 감소 중	이동 고객 변동이 심함	소수 고객 꾸준히 구매	신규 고객 증가율 높음	잠재 고객 구매력 높음
기본 성능 1	각 고객 그룹이 속한 시장에서 제품에 대한 불만족, 개선사항, 민감 요인, 숨겨진 요구사항 등 분석				
기본 성능 2					
신뢰성	고장율에 불만				
제품 수명					
부가 기능 1					
부가 기능 2					
부가 기능 3			부가 기능3이 구매 이유		
디자인					금속 외관의 고급스러운 색상/재질 50% 이상 얇아지면 구매 급증 예상
크기					
무게	이동에 부담	이동에 부담	이동에 부담	이동에 부담	이동에 부담
호환성				호환성에 민감	
가격		가격에 민감			고가 제품 선호
기타 1					친환경 선호도 높음
기타 2					

고객 그룹마다 제품의 속성에 대한 불만족, 개선사항, 민감한 요인 등

---

39 전략 캔버스의 가로축 항목과 동일/유사하나, 더 구체적으로 항목을 도출하는 것이 좋다.

을 분석한다. 이 중에서 연구개발의 타겟이 될 만한 것을 선정하고, 예를 들어 제품 무게를 감소하려면 어떤 구성요소를 단순화하거나 소재를 변경하는 등 그것을 구현하기 위한 기술내용을 구체화한다.

도출된 기술이 제품의 가치를 향상하는 정도, 기술의 개발 용이성, 조직이 해당 기술을 개발하기에 적합한 역량과 자원을 보유하고 있는지 등에 대해 평가하여 연구개발 방향을 채택한다.[40]

아래 그림과 같이 평가되었다면, 가치 향상 정도가 크고 개발 기간이 길지 않으며 기업 역량과 부합하는 정도가 높은 '제품무게 감소'가 차세대 개발방향으로 우선 고려되어야 할 것이다.

연구개발 타겟 (미충족 니즈)	관련 기술 내용	목표를 달성했을 때 얻을 수 있는 비용 대비 효과 가치 향상 정도	기술적으로 구현하는데 어려운 정도, 개발 기간? 기술개발 용이성	기술개발 사안이 기업의 역량에 부합하는가? 조직 적합성
고장률 감소		**	*	**
제품 무게 감소		*****	*****	****
호환성 향상		*****	**	*
외장 두께 감소		***	***	*
외장 소재 고급화		**	**	***

시장이 원하는 연구개발 타겟 후보들을 도출할 때, 고객 그룹을 구분

---

40 기술개발 용이성과 조직 적합성은 연구개발 타겟(미충족 니즈)를 구현할 수 있는 기술이 무엇인지 파악한 후에 정확도 높게 평가할 수 있을 것이다. 그러나 해당 제품 전문가들은 개발목표에 관한 기술을 예측하고 기술개발 난이도에 대해서 개략적인 평가가 가능하기도 한데 이러한 방식으로 평가한 경우, 개발 방향을 정한 후에 그것을 구현할 기술을 구체화하는 과정에서 예상보다 기술개발이 쉽거나 어려울 수 있다.

하는 방법 외에 기술 요소에 따라 분석할 수도 있다.

구분	기술 요소	기능	기술요소의 현 수준 _성능, 가격, 크기, 편리성, 안전성 등	기술요소의 발전 방향 _시장(고객) 요구사항
삽입부	선단부 - 광학구조			선단부 지름이 감소, 삽입 용이
	조명부			
	촬상부			
	워킹채널			
	벤딩구조			
	삽입부의 신체 접촉부			
	Sheath			
	벌룬 구조			벌룬 대체 고정 구조
	플로우 채널			
조작부	조작 구조			z축 방향 움직임, 후방회전 개선
	Locking 구조			
	악세서리 설치구조			
	삽입부 착탈 구조			
제어/프로세스	제어방식			
	영상처리			병변 크기, 3차원구조의 정확도 향상
기타	안전 장치			과열, 과출혈시 자동으로 작동 중단
	스탠드 등 액세서리			
	세척			

제품의 주요 기술요소를 선정하고 각 기술요소가 제품에서 수행하는 기능을 정리한다. 그다음 시장이 요구하는 성능, 크기, 가격, 편리성, 안전성 등의 관점에서 각 요소의 현재 수준을 분석한다. 현재 시장의 니즈를 충족하지 못하는 기술요소 또는 새로운 시장의 니즈와 관련도가 높은 기술요소를 찾아 연구개발 타겟 후보를 정할 수 있다.

기술요소에 따라 분석하면 각 주요 기술을 세심하게 고려할 수 있으나 제품 전체, 기술요소의 융합 측면은 놓치기 쉬우므로 주의해야 한다.

개발전략 달성을 위한 기술 구체화

차세대 개발방향이 결정되었을 때 이를 구현할 수 있는 기술을 찾는 것을 말한다. 개발방향을 찾는 것이 콘셉트를 찾는 것이라면 이 단계는 콘셉트를 실현하는 방법을 찾는 것이다.[41]

개발전략 달성을 위한 구체적 기술은 앞서 설명한 3장~5장의 방법 등으로 찾아볼 수 있다. 원하는 기술의 특징, 성능 등을 정의하고 이에 대한 키워드로 특허를 찾아 원하는 기술 또는 이와 유사한 기술을 찾는다. 잘 찾아지지 않는다면 키워드를 다각도로 변형하고 필요에 따라 이종 기술 분야로 확장해서 찾을 수 있다.

찾은 특허의 기술이 적용 가능한지, 장단점은 무엇인지 등을 고려하여 채택 여부를 결정하고 최적화한다.

---

41 일단 차세대 개발방향이 정해지면 이를 구현하는 기술은 명백하고 쉬우며 최적화 과정이 매우 용이한 경우도 있다. 이때는 구체적인 기술을 특허에서 찾기 위한 과정을 별도로 진행할 필요가 없다.

7장

보유기술의
응용분야 찾기

보유기술의 정의와 특허분석 전략
특허에서 찾은 응용분야의 확장
응용제품 선정 기준과 평가
(나에게 새로운 응용분야 즉, 특허에서 언급되었거나 그것으로부터 확장된 응용분야를 주로
도출하는 방법이며, 세상에 없던 완전히 새로운 개념의 응용분야를 찾는 것은 아님)

어렵게 확보한 핵심기술로 제품 개발에 성공하여 시장에 진출했지만 예상외로 매출이 부진한 경우나, 핵심기술은 확보했어도 제품 개발에 실패하는 경우도 있다.

보유한 기술이 경영에 기여하지 못하면 그 기술을 활용할 수 있는 새로운 시장 즉 새로운 응용분야를 찾는 것이 절실하다. 이때 '보유기술'은 소재, 부품, 공정기술, 특정 기능을 수행하는 모듈, 운영체계 등 복수의 분야에 적용이 가능한 요소 기술이며 대개 기술적 가치가 높은 기술이다. 새로운 응용분야는 그 기업 입장에만 새로운 것일 수도 있고 세상에 없던 새로운 분야일 수도 있다.

보유기술의 응용분야를 찾는데 특허 정보를 이용할 수 있다. 특허에는 기술이 적용되는 제품이 언급되어 있기 때문이다. 운이 좋다면, 특허에 언급된 응용분야에서 미처 생각하지 못했던 참신한 시장을 발견할 수도 있다. 반면 특허의 응용분야들이 이미 알고 있는 것이거나 과도하게 선점되어 있거나 시장이 매우 작아 매력적이지 않을 수도 있다.

특허 정보로부터 의미 있는 응용분야를 찾아내려면 정보를 분석하고 가치를 찾아내는 관점이 필요하며 찾는 과정은 다음과 같다.

- 보유기술을 정의하고 관련 용어를 찾는다.
- **특허분석 범위와 전략을 정한다.**
- 보유기술에 대한 키워드를 특허 DB용 검색식으로 작성한다.
- 검색식에 의한 모집단에서 관련 특허를 선정한다.
- 특허 명세서에 언급된 응용분야를 수집한다.
- 특허에서 얻은 응용분야를 모아 유사한 것은 묶고, 상·하위 개념 등을 구분하여 정리한다.
- 관련 지식과 사고력을 동원하여 **특허에서 얻은 응용분야를 확장, 비어있는 부분을 채워** 'MECE'[42]가 되도록 한다.
- 응용분야가 기업에 적합하고 유망한 것인지 판단할 수 있는 판단항목과 기준을 작성한다.
- 각 응용분야를 판단항목에 따라 평가한다.
- 높게 평가된 응용분야들에 대해 세부사항을 검토하고 최종 결정한다.

---

42 MECE(mutually exclusive and collectively exhaustive)는 논리적으로 사고를 정리하는 기술로서, 어떤 사항이나 개념을 중복 없이 그리고 누락 없는 부분집합으로 전체를 파악하는 것이다. 예를 들어, 전자제품을 대형 디스플레이 제품, 중형 디스플레이 제품, 소형 디스플레이 제품으로 구분하면 디스플레이를 가진 전제 제품을 빠짐없이 중복 없이 살펴볼 수 있다. '로지컬 씽킹' 참조

보유기술 정의	보유기술의 내용, 특성, 관련 용어 정리
특허분석 전략 결정	특허분석 범위와 방향
관련 특허 조사	특허 DB에서 키워드 검색 관련 건 이외 노이즈 제거
특허 명세서의 응용분야 추출	특허명세서에 언급된 응용제품, 산업 등을 기록
응용분야 확장, 정리	응용분야들의 상하위 개념을 구분하고 MECE로 재구성
응용분야 판단항목과 기준 작성	기업이 사업 진출을 결정하는데 핵심적인 판단항목과 기준을 도출
각 응용분야 평가	다양한 관점을 가진 사람들이 평가 (1차 평가, 논의, 2차 평가 등 다단계 평가도 가능)
최종 결정	문제 특허, 투자 비용 등 사업추진 걸림돌들을 다시 한번 검토하고 결정

상기 과정 중, 응용분야를 찾기 위한 특허분석 전략을 정하는 단계와 특허에서 찾은 다양한 응용분야를 확장, 정리하는 단계가 특히 중요하다.

제한된 시간과 자원의 한도에서 보유기술에 관한 수많은 특허를 분석해야 하므로 분석의 범위를 조절할 필요가 있으며, 진부한 결과가 얻어지지 않도록 분석의 관점을 다듬어야 한다.

특허분석으로부터 응용분야가 얻어졌을 때, 단순히 그중에서 선택한다면 이미 누군가가 고려한 것들로 한계가 지어질 수 있다. 공백 응용분야, 틈새 응용분야를 찾기 위해 특허에서 언급된 응용분야를 그룹핑하고 'MECE'로 구조화하여 응용제품을 확장하는 과정이 필요하다.

유망한 응용제품의 후보들을 찾으면, 무엇이 가장 적합하고 이익을 창출할 수 있는지 검토해야 하며, 새로운 응용 제품에 적합하도록 보유 기술을 최적화하고 보완할 필요가 있다.

응용분야를 찾는 특허분석의 핵심 단계에 대해 알아보자.

보유기술의 정의와 특허분석 전략

응용분야를 찾기 위한 특허분석의 범위와 방향을 정하는데 전략이 필요하다.

확장	보유기술의 특징(성능, 기능, 구조 등)에 관한 용어로 검색한 특허	검색이 어려우나, 보유기술로 대체 가능한 분야까지 확장하여 응용분야를 검토할 수 있음
타겟	보유기술 분야의 기술 용어로 검색한 특허	검색 용이, 보유기술 분야에 한정하여 응용분야를 검토할 수 있음
축소	보유기술 분야 선도업체 특허 보유기술 분야 최근 특허	검토대상 특허가 많거나, 사업의 특징 또는 사업전략이 명확한 경우 검토 범위 축소

보유기술에 관한 기술용어로 특허를 검색하여 응용분야를 분석하면 그 분야의 경쟁자들이 관심을 가졌거나 사업을 시도했던 응용분야들을 찾을 수 있다. 이 중에서 내가 경쟁력이 있을 것으로 기대되는 분야를 정할 수 있을 것이다.

만약, 관련 특허가 너무 많거나 분석을 간단히 하고 싶은 경우, 선도

기업의 특허만 추려서 분석하거나 최근 특허만[43] 분석하는 등 합리적으로 분석의 범위를 제한할 수 있다.

선도기업은 전략 수립 역량이 비교적 높으므로 선도기업이 고려하는 유망 분야를 파악하는 것이 응용분야 도출과 결정에 도움을 줄 수 있다. 그러나 선도기업이 고민한 흔적을 뒤따라가는 것이라는 단점이 있다.

보유기술 분야의 특허 검토 또는 한정된 범위의 검토를 통해 응용분야에 관한 충분한 답을 얻을 수도 있다. 하지만 같은 분야의 사람들은 비슷한 생각을 하기 마련이므로 이러한 분석으로 얻어진 응용분야는 이미 고려해본 범위를 벗어나지 않을 가능성도 크다.

경쟁자가 찾지 못했던 차별화된 응용분야를 찾고 싶다면 특허분석 방향을 정하는데 심사숙고해야 한다. 보유기술 분야의 경쟁자가 미처 고려하지 못했던 것을 찾기 위해 보유기술 분야에 특화된 기술 용어로 특허를 찾는 것이 아니라 그 기술의 기능, 구조, 물성, 결과물 등을 세심하게 분석하고 유망한 응용분야를 찾을 가능성이 높은 특성에 관한 용어로 특허 검색을 해야 한다.[44]

즉 응용분야를 찾는 요소기술에 대한 전체 특허를 분석할 수도 있고

---

43 과거의 응용분야 트렌드로부터 시사점을 얻을 수 없다고 판단되면 최근 특허로 분석을 한정한다. 분석 연도 구간은 필요에 따라 결정한다.

44 그 기술의 기능, 얻어지는 구조가 여러 가지 기술로 구현 가능하다면 관심 요소기술에서는 언급되지 않지만 그 요소기술로 구현할 수 있는 응용분야도 찾아낼 수 있는 장점이 있다. 전기방사 기술의 사례에서 살펴본다.

분석하는 범위를 한정, 확장 또는 구간을 나누어 응용분야를 찾을 수
도 있다.

특허에서 찾은 응용분야의 확장

특허에서 언급되는 응용분야를 제대로 추출하는 것도 중요하지만 이후 단계도 중요하다. 특허마다 다른 용어를 사용하거나 상·하위 개념이 섞여 있어 정리가 필요하며 특허에서 얻은 응용분야를 구조화하여 공백분야를 찾아내거나 이로부터 연상되는 새로운 응용분야를 찾을 수도 있다.

예를 들어보자.

- TV, PDP, 휴대폰, 휴대폰용 카메라, 스마트워치, 모바일 디바이스, 무선충전 휴대폰이 응용분야로 얻어졌을 때, PDP는 대형 디스플레이 제품으로, 휴대폰, 스마트 워치, 무선충전 휴대폰은 모바일 디바이스로 묶는다.
- 디스플레이의 크기에 따라 대형 디스플레이 제품, 중형 디스플레이 제품, 소형 디스플레이 제품으로 크게 구분하고 모바일 디바이스는 소형 디스플레이 제품 하위에 둔다.
- 또한 휴대폰용 카메라와 무선충전은 모바일 디바이스의 핵심 요소 기술로 일반화하여 모바일 디바이스 하위에 둘 수 있다.
- 이렇게 구조화하고 나면 다음 그림에서 대화창을 가진 대형 가전, OLED, 스마트 반지, 스마트 안경과 같은 다른 제품들을 찾아낼 수 있다.

- 즉 특허에서 언급된 응용제품은 그 자체로도 의미가 있지만 새로운 아이디어를 찾는 'seed'가 되기도 한다.
- 참신한 아이디어를 찾으려면 영업, 기술, 기획, 다양한 기술전문가 등이 모여 서로 다른 관점을 제시할수록 좋다.

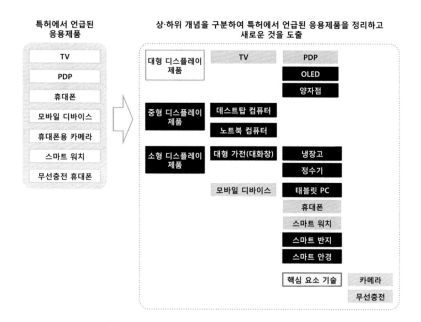

응용제품 선정 기준과 평가

응용제품 후보를 도출한 후, 기업이 사업화를 추진하기에 적합한지 판단해야 한다. 기술·제품의 사업성을 판단하는 항목들은 이미 알려진 것들을 활용할 수 있으며[45] 사업성 판단의 핵심은 아래와 같이 요약할 수 있다.

- 도출된 응용제품 사업이 매력적인가? (시장규모, 시장성장률, 리스크, 경쟁 강도, 진입장벽 등 고려)
- 해당 제품 사업화가 해당 기업에 적합한가? (개발 용이성, 핵심역량 부합성, 자금력 등)

사업의 유망성을 판단하는데 정해진 틀은 없으며 학자들이 제시하거나 실무자들이 활용하는 항목 중 해당 사업에 중요한 것을 고르거나 가

---

[45] 예를 들어, 사업 매력도(시장규모/성장성/경쟁력/리스크 분산/업계 재구축/사회적 우위성)와 자사 적합성(자금력/마케팅력/제조력/기술력/원자재 조달력/매니지먼트 지원)을 종합하여 사업성을 판단하는 BMO 평가 기준 등이 있다.

중치를 주어 판단항목을 조정할 수 있다.

예를 들어, 아래와 같이 판단항목을 구성할 수 있다.

	시장규모	시장성장성	예상이익률	개발 기간	기술난이도
PDP					
OLED					
양자점 디스플레이					
데스크탑 컴퓨터					
노트북 컴퓨터					
냉장고 대화창					
정수기 대화창					
태블릿 PC					
스마트폰					
스마트와치					
스마트시계					
스마트안경					
카메라 모듈					
무선충전모듈					

각 항목에 대해 3단계, 5단계 등으로 평가할 수 있으며 단계별 기준은
기업의 규모와 해당 산업의 특징을 고려하고 조사와 분석, 협의를 통해
도출한다. 다음 표는 판단항목에 대한 3단계 평가 기준 예시이다.

	시장규모(5년 이내)	시장성장률(년)	예상이익률(5년 시점)	개발 기간
상	1,000억 원 이상(국내)	10% 이상	15% 이상	1년 이내
중	500억 원 이상(국내)	4~10%	10~15%	~3년
하	100억 원 이하(국내)	0~4%	10% 이하	~5년

평가항목 중 중요한 2~3가지를 골라 2차원으로 나타내면 한눈에 파
악하기 쉽다. 다음 그림은 시장규모와 개발난이도를 각각 축으로 하고

예상 이익률을 동그라미의 크기로 나타낸 것이다. 단기 사업아이템은 개발이 쉬워야 한다. 'A', 'B', 'H', 'I', 'J'가 여기에 해당한다. 이 중에서도 개발이 극히 용이한 'B'와 'J'는 이익률은 낮으나 바로 사업을 시작할 수 있으며 이들보다 기술개발은 조금 어렵지만 이익률이 높은 'A'는 단기 사업으로 적합하다.

아래 그림의 왼쪽은 개발이 어려운 응용제품이다. 개발이 어려운데 시장규모가 작거나 이익률이 낮다면 매력적인 사업이 아니다. 시장규모가 크고 이익률이 높은 'C'는 중장기 아이템으로 고려해볼 만하다.

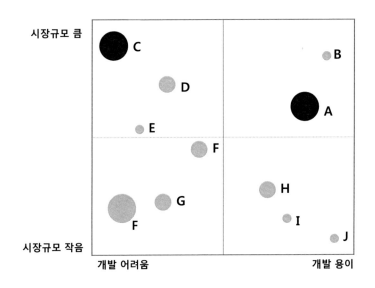

A사는 흑연 소재를 이용한 핸드폰의 방열 부품을 개발하여 판매하고 있다. 흑연은 열전달률이 우수하고 화학적으로 안정하며 가벼워서 여러 산업에 방열 소재로 사용되고 있으므로, A사는 방열 부품 기술을 이용한 새로운 사업을 모색 중이다.

우선 응용제품을 찾고자 하는 기술을 정의하고 응용제품의 범위를 정했다. 대상 기술은 흑연 필름을 포함하는 다층 박막 방열 부품에 관한 것으로 흑연 소재를 중심으로 하는 박막 설계와 제조 기술이 핵심이다.

흑연 필름 분야는 몇몇 선도기업들이 기술과 시장을 주도하고 있으므로 선도기업의 사업 포트폴리오를 살펴봄으로써 신규 사업 아이템을 찾는데 유용한 정보를 얻을 수 있을 것이다.[46] G사는 흑연 소재 제조 및 가공 기술을 바탕으로 다양한 유망 분야에 진출했으며 시장 점유율도 높아 분석 대상으로 선정되었다.

확장 보유기술의 특징(성능, 기능, 구조 등)에 관한 용어로 검색한 특허

타겟 보유기술 분야의 기술 용어로 검색한 특허

축소 보유기술 분야 선도업체 G사 특허   [보유기술 관련 키워드 & G사]로 검색

---

46 기업의 사업전략이나 R&D 현황은 특허 이외에도 보도자료, 홈페이지, IR 자료 등에서도 살펴볼 수 있다. 그러나 상기 자료들은 대부분 한 시점을 기준으로 되어 있고 기업이 노출하고자 하지 않은 내용은 누락되기 마련이다. 특허를 분석해보면 과거부터 현재까지 해당 기업이 연구·개발해 온 이력과 기술내용을 세밀하게 파악할 수 있다는 이점이 있다.

G사의 특허분석 결과, 흑연 필름 적용 제품은 주로 전자기기와 자동차였으며 건축, 선박, 연료전지도 발견되었다. 특허의 응용제품에 대해 제품을 구체화하고 기술개발 포인트, 개발 기간과 시장규모 등을 검토하였다.[47] A사는 소형 전자제품에 무선충전 기술이 도입됨에 따라 방열이 더욱 중요해지고, 기존 사업인 핸드폰 방열 부품 기술과 유사성이 높아 무선충방전 부품용 방열 제품이 사업 확장 분야로 매력적이라고 판단하였다.

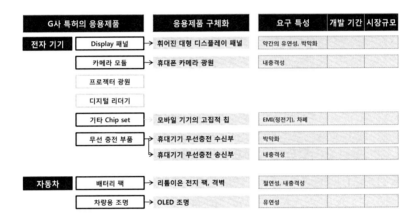

G사 특허의 응용제품		응용제품 구체화	요구 특성	개발 기간	시장규모
전자 기기	Display 패널	→ 휘어진 대형 디스플레이 패널	약간의 유연성, 박막화		
	카메라 모듈	→ 휴대폰 카메라 광원	내충격성		
	프로젝터 광원				
	디지털 리더기				
	기타 Chip set	→ 모바일 기기의 고집적 칩	EMI(정전기), 차폐		
	무선 충전 부품	→ 휴대기기 무선충전 수신부	박막화		
		→ 휴대기기 무선충전 송신부	내충격성		
자동차	배터리 팩	→ 리튬이온 전지 팩, 격벽	절연성, 내충격성		
	차량용 조명	→ OLED 조명	유연성		

특허의 응용분야들을 MECE로 구조화하면 G사가 시도하지 못했던 유망공백분야를 발견할 수 있을 것이다.

---

47 실제 응용제품을 찾을 때에는 요구특성을 간략하게 적는 것으로는 부족하다. 제품의 스펙을 수치로 구체화하고 개발해야 하는 기술의 난이도, 투자규모, 경쟁관계, 시장의 성장성 등 기회요인과 위험요인을 면밀히 파악해야 한다.

보유기술로 구현 가능한 기술 특징을 검토하여
전기방사 기술의 응용제품 도출

전기방사(electro spinning)는 낮은 점도 상태의 polymer에 전기력을 가해 순간적으로 섬유를 얻을 수 있는 방법으로 나노미터 직경의 섬유 제조가 가능한 기술이다.

A사는 박막 전극 제조를 위해 개량된 전기방사 장치를 개발했으나 박막 전극의 판매가 저조하자 전기방사 기술을 이용한 다른 시장에 관심을 갖게 되었다.

A사는 특허로부터 전기방사 기술을 활용할 수 있는 모든 분야를 도출하고 시장성이 높은 유망 분야를 선정하고자 하였다. 우선, '전기방사'라는 키워드로 특허를 찾아 응용분야를 도출하는 방법이 있다. 이 경우 전기방사 기술 업계에서 고려하는 응용분야를 찾을 수 있다.

'전기방사' 키워드 대신 이 기술로 제조할 제품의 특성인 '나노 섬유', '나노 웹', '나노 멤브레인'에 관한 특허를 찾아 분석할 수 있다. 나노 구조체를 제조하는 방법은 전기방사 기술 외에도 다양하므로 전기방사 업체들이 미처 생각하지 못한 나노 구조체의 응용분야도 찾아낼 수 있다. 이 중 전기방사 기술로 구현했을 때 경쟁력을 갖는 것이 있다면 신규 사업으로 추진할 수 있다.

확장	**전기방사 기술의 특징(성능, 기능, 구조, 구현 목표 등)에 관한 용어로 검색한 특허**	[나노 웹 or 나노 멤브레인 or 나노 섬유 or 전기방사]
타겟	보유기술 분야의 기술 용어로 검색한 특허	
축소	보유기술 분야 선도업체 특허 보유기술 분야 최근 특허	

다음 그림의 A는 나노 구조체 특허로부터 찾은 응용제품을 나열한 것이다. 필터, 각종 센서, 약물 전달 기술, 인공근육, 압전 소자 등 매우 다양하다. 이 상태에서는 응용 분야를 일목요연하게 파악하기 어려우므로 응용 분야의 유형을 나누고 분석해 볼 필요가 있다.

응용 분야 기술들을 특징에 따라 묶어 그림의 B에 나타내었다. 우선 언급되는 빈도로 의료, 보건산업을 주된 응용제품으로 추출하였으며, 나머지는 제품에 이용되는 물성에 따라 구분하였다. 구분 항목에 산업, 물성이 혼재되어 일관성이 부족하기는 하나 나노 구조 기술이 이용되는 주요 분야와 다양한 응용제품이 개발 중인 산업 분야를 쉽게 알 수 있었다.

그림 C는 응용 분야를 좀 더 체계적으로 정리한 결과이다. 세로에는 물성, 가로에는 산업을 배치하여 이용되는 물성과 연관되는 산업 분야, 아직 공백인 '물성-산업' 분야를 용이하게 파악할 수 있다.[48]

그림 C의 세로축은 물성의 MECE이다. 분석 대상인 나노소재는 그 물성에 따라 응용이 달라지므로 물성을 빠짐없이 겹치지 않게 구분하여 프레임을 만들고 특허의 응용제품이 어떤 물성을 이용하고 있는지 분석하였다.[49]

특허의 응용분야 분석 결과를 바탕으로 창의력과 논리력을 발휘하여 특허의 응용 분야를 구체화하고 공백분야에 관한 신규 응용제품을 도출한다. 예를 들어 미용 마스크팩에서 의료분야에 사용되는 환자용 특수기능 마스크팩을 생각해 낼 수 있으며, 자성 나노섬유를 이용한 치료기, 발열 기능이 추가된 약물 전달 패치 등 물성과 산업분야를 조합하여 다양한 아이디어를 도출할 수 있다.

많은 후보 중 기업의 역량과 비전에 맞는 응용 분야를 선정하는 방법은 앞부분의 설명을 참조한다.

---

48 모든 응용제품은 나노 구조에 기인하는 특성을 이용하나, 특히 나노 기공, 채널 등 구조를 이용하는 것이 주된 경우 '구조적 특성'으로 구분하였다.

49 세로축은 분석 대상의 응용분야가 결정되는 세부 기술 특성으로 구성하면 된다.

A. 나노 구조 관련 특허들의 응용분야

필터(분진, 액체, 백혈구, 수처리)/역삼투막, 마스크팩, 전극, 전지 분리막, 센서(가스, 압력, 혈당), 세포배양 스캐폴드, 골연골 재생 스캐폴드, 세포지지체, 기능성 원단, 촉매 담체, 부직포, 의료용 시트, 압전소자, 열전재료, 복합도전재, 전도성 섬유, 점막투여제(단백질 약물전달제), 펠트, 알레르겐 차단 직물, 생리대, 인공근육(액추에이터), 스피커 진동판, 항균 차폐막, 내수성 의복, 인공피부, 나노섬유가 충진된 미세채널부를 구비하는 미세채널 바이오칩/약물탑재 나노섬유 칩, 인체 조직 모사용 어세이 칩, 토너 클리닝 웹, 흡착제, 나노-마이크로 섬유 매트, 발열멤브레인, 전기전도성 섬유, 방수시트, 방호복(투습성, 방수성, 내열성, 차열성), 창상피복재, 슬림형 단열재, 발광장치용 색변환 형광층, 약물전달 스텐트, 에어백 원단, 경구용 약물제어전달, 의료용 자성나노섬유, 보안용지(편광 나노섬유), 약물 탑재 봉합사, 히터/예열장치, 기능성나노섬유9항균, 소취, 원적외선 방출), 투명 광학필름, 색변환 발광시트, 나노섬유의 다중강화 효과에 의한 상온 경화 에폭시 접착제, 온·습도 자동조절 나노섬유

B. 나노 구조 관련 특허들의 응용분야 구분(1)

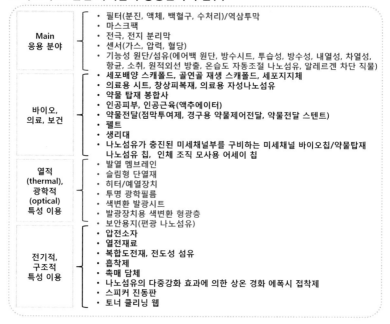

C. 나노 구조 관련 특허들의 응용분야 구분(2)

	의료	전자	소비재	기타 산업
광학적 특성	유망 공백?	•투명 광학필름 •색변환 발광시트 •발광장치용 색변환 형광층	유망 공백?	•보안용지(편광 나노섬유)
열적 특성	유망 공백?	•슬림형 단열재	•기능성 원단(차열성, 내열성, 온도조절)	•발열 멤브레인 •히터/예열장치
화학적 특성 (표면/재료)	•의료용 시트, 창상피복재 •점막투여제, 경구용 약물제어전달, 약물전달 스텐트 •세포배양 스캐폴드	유망 공백?	•알레르겐 차단 직물	유망 공백?
전자기적 특성	유망 공백?	•압전소자 •열전재료 •복합도전재, 전도성 섬유	유망 공백?	• 자성나노섬유
구조적 특성(1) 합침/흡수	• 센서 전극(혈당) • 약물탑재 봉합사	• 전지 분리막	• 생리대 • 마스크팩 • 기능성 원단(투습, 방수, 항균)	• 촉매 담체 • 흡착제 • 센서 전극(가스, 압력) • 기능성 원단(에어백)
구조적 특성(2) 입자 분리	• 필터(백혈구)/역삼투막	유망 공백?	• 필터(정수기)/역삼투막 • 알레르겐 차단 직물	• 필터(분진, 액체, 수처리)/역삼투막

응용분야를 구하기 위한 2차원 표에서 기술 축의 항목은 분석하는 대상의 응용분야가 결정되는 세부 기술 특징을 MECE로 구성하면 된다.

그렇다면 제품 축의 항목을 특허에 있는 것 외에도 빠지지 않고 검토할 수 있는 방법은 없을까?

현존하는 다양한 제품의 명칭이 세분화되어 있는 자료가 있다면 응용제품을 빠짐없이 검토하는데 많은 도움이 될 것이다.

수출입 통계 자료, 전자제품생산 통계, 식품 통계 등에서도 응용제품을 찾아볼 수 있지만 현재 산업 비중이 작은 제품은 누락되어 있으며 특정 분야 정보만 있는 경우가 많다.

분야 상관없이다양한 응용제품을 분야 상관없이 검토하는데 '특허청 고시 상품명칭'[50]을 활용할 수 있다. 이는 상표를 출원하고 심사하는데 사용되는 상품 분류코드로서 6만여 가지의 제품이 세분화 되어 데이터로 정리되어 있으며 새로운 경향을 반영하여 주기적으로 갱신되는 자료이다.
관심 상품을 찾으면 해당 코드 분류로 출원된 상표 개수와 연도별 추이 등도 확인할 수 있다.

다만, 상품 분류가 매우 세분화되어 있어 정보의 양이 너무 많다는 문제가 있으므로, 관심 있는 분야의 정보를 빠르게 찾기 위해 '유사군 코드' 단위로 우선 검토하고 관련 상품명을 찾거나 상·하위 개념을 구분하여 검토할 필요가 있다.

---

50 특허청의 전자출원 포탈에서 분류코드검색 서비스로 이동, 상표분류코드를 선택하고 '국제상품분류'나 '포괄명칭' 항목에서 자료를 얻을 수 있다.

1	지정상품(국문)	NICE분류	유사군코드	지정상품(영문)
30197	가정용 비전기식 가습기	11	G390601	non-electric humidifiers for household use
30198	가정용 산림욕기	11	G390601	apparatus of volatilizer for phytoncide air for household purposes
30199	가정용 선풍기	11	G390601	electric fans [for household purposes]
30200	가정용 신발살균기	11	G390601	shoe sterilizer for house use
30201	가정용 열판	11	G390601	hot plates [for household purposes]
30202	가정용 온수전기이불	11	G390601	heated electric bedclothes for household purposes
30203	가정용 원적외선 온열기	11	G390601	far infrared warmer for household purposes
30204	가정용 이불건조기	11	G390601	futon driers [for household purposes]
30205	가정용 전기 타월스티머	11	G390601	electric towel steamers for household purposes
30206	가정용 전기냉난방장치	11	G390601	electric heating and cooling systems for household purposes
30207	가정용 전기냉방장치	11	G390601	electric space cooling apparatus [for household purposes]
30208	가정용 전기냉풍기	11	G390601	electric cold air generators for household purposes
30209	가정용 전기담요	11	G390601	electric blankets for household purposes
30210	가정용 전기담요 매트	11	G390601	electric blanket mats for household purposes
30211	가정용 전기매트	11	G390601	electric mats for household purposes
30212	가정용 전기방석	11	G390601	electric cushion for household purposes
30213	가정용 전기식 냉방매트	11	G390601	electric cooling mats for household purposes
30214	가정용 전기식 냉수매트	11	G390601	electric cooling water mats for household purposes
30215	가정용 전기식 냉온보일러매트	11	G390601	electric hot and cold boiler mat for household purposes
30216	가정용 전기식 면상발열체 매트	11	G390601	electric sheet type heating elements mats for household purposes
30217	가정용 전기식 발열방석	11	G390601	electric heating cushions for household purposes
30218	가정용 전기식 발열체	11	G390601	electric heater for household purposes
30219	가정용 전기식 선풍기	11	G390601	electric fans for household use
30220	가정용 전기식 연수기	11	G390601	electric softeners for household purposes
30221	가정용 전기식 온돌마루매트	11	G390601	electric ondol floor mats for household purposes
30222	가정용 전기식 온돌마루요	11	G390601	electric ondol tile quilts for household purposes
30223	가정용 전기식 온돌마루카펫	11	G390601	electric ondol floor carpets for household purposes

특허청 고시 상품 명칭의 일부

고도화된 특허 DB를 활용한
나노철강 기술의 응용 분야 도출

특수한 특허 DB와 시각화 프로그램을 이용하면 특허의 응용분야를 손쉽고 빠르게 분석하여 시각적으로 나타낼 수 있다.

특허청에서 제공하는 특허 DB는 수많은 명세서 작성자의 언어 습관이 반영되어 있다.[51] 같은 기술과 제품도 다양하게 표현되어 있으며 응용분야가 따로 언급되지 않는 경우도 많다.[52]

각국 특허청에서 제공하는 명세서를 해당 분야 전문가가 재작성한 특허 DB가 있다.[53] 이 DB의 특허 요약은 아래 그림과 같이 기술의 신규성, 응용분야, 장점, 기술의 핵심 등으로 세분화되어 특허에서 언급된 응용제품이 정리된 필드가 있다.

Novelty	Detailed Description	Activity	Mechanism	Use	Advantage	Tech Focus	Drawing Description

전문가에 의해 정제된 '응용분야(USE)' 데이터를 'EUREKA' 등 데이터 마이닝 시각화 프로그램으로 분석하면 즉시 아래와 같은 등고선 그래프를 얻을 수 있다. 반복되는 빈도가 높은 키워드 즉 응용분야가 등고선 지도에서 높은 고도로 나타나며, 키워드간의 연관성이 높으면 인접하여 나타나므로 응용분야를 쉽게 알아낼 수 있다.[54]

---

51 각국 특허청에서 제공하는 특허 DB는 무료이며, 대부분의 유료 DB도 특허청에서 제공한 특허의 제목, 요약, 청구항, 전문을 그대로 사용한다.

52 요약이 아닌 전문 어딘가에 언급된 경우 분석이 어렵다. 전문에는 종래기술 등 다양한 정보가 혼재되어 있기 때문이다.

53 다른 유료 특허 DB에 비해 구독료가 비싸다.

54 단, 분석 로직이 프로그램 개발사의 노하우이므로 어떤 방식으로 결과가 도출되는지

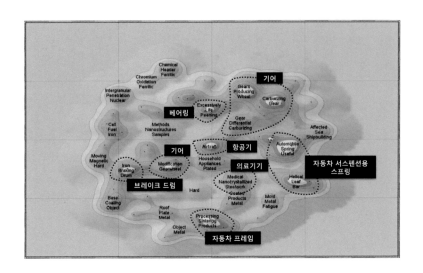

글로벌 기업들의 최근 특허, 대학과 연구기관들의 선도적인 기술에 관한 특허, 과거 5년 전과 최근 5년 동안의 응용분야의 변화 등 보고자 하는 관점을 몇 번의 클릭으로 분석할 수 있다.

정확히 알 수 없다. 분석 대상 특허들의 일부만 달라져도 분석결과가 달라지는 경우가 있는데 이유를 설명하기 어렵다.

오픈 소스 프로그램을 이용한 응용 분야 도출

고도화된 특허 DB를 사용하는 경우를 제외하면, 일반 특허 DB에서 검색하고 노이즈를 제거하여 관련 특허를 찾아낸 후 특허의 요약 부분을 일일이 눈으로 검토하여 응용 분야를 찾아야 한다. 프로그램을 이용하여 이 과정의 속도를 높일 수 있다.

오픈 소스 프로그램 중 하나인 Python을 이용하는 방법을 소개한다.

- 분석 대상인 특허의 제목, 요약을 단어 단위로 절단
- 조사, 어미 등 의미를 가지지 않는 음절을 제거
- 유사어 그룹핑
- 단어가 나타나는 빈도 순서로 단어를 정렬
- 고빈도(high frequency) 단어 검토
- 저빈도(low frequency) 단어 검토
- 응용분야에 관한 용어, 응용분야를 정하는데 도움이 되는 특성에 관한 용어를 추출
- 구간별, 대상별, 특성별 다양한 통계 분석
- 유망 응용분야 추출

현재 CNT는 바이오센서, 바이오 마커 분야에도 활발히 활용되고 있다.

CNT가 개발되었을 때 특허분석을 바탕으로 현재 유망분야인 바이오센서, 바이오 마커를 도출할 수 있을까? 이를 위해서는 CNT의 보유특성이 바이오센서, 바이오 마커의 기술적 병목을 해결할 수 있음을 알아야 하는데, 수많은 응용분야 중 어떤 방법으로 찾아낼 수 있을까?

우선 CNT의 특성을 잘 살펴보아야 한다. CNT는 전기전도도, 투명도, 강도, 흡착성, 유연성, 등이 기존 소재에 비해 매우 우수하다. 7장에서 설명한 바와 같이 보유 특성에 관한 키워드로 특허를 검색하여[55] 운 좋게 바이오센서, 바이오 마커를 찾아낼 수도 있다. 하지만, 해당 분야가 연구개발 초기인 경우 관련 특허 수가 적어 간과하기 쉽다.

특허분석에 의한 응용분야 검토를 보완하기 위해 전문가를 활용한 정성적인 방법을 접목할 수 있다. 다양한 기술 분야의 전문가들에게 소재의 특성을 설명하고 이러한 특성이 요구되는 세부 분야/제품이 무엇인지 의견을 구하는 것이다.

전문가들은 그 분야의 시장니즈와 기존 소재/부품의 한계를 잘 알고 있으므로 새로운 물성이 가능하게 된다면 창출할 수 있는 시장에 대해서도 의미 있는 통찰을 기대할 수 있을 것이다.

---

[55] 특성 중 기존의 물질보다 월등하게 우수하거나 차별화된 것이 있다면 그러한 특성이 요구되는 분야를 특허로부터 찾아 대체 가능성을 검토한다. CNT의 특성 중 2가지 이상을 보유한 소재가 지금까지 없었다면, 복수의 특성이 모두 요구되는 분야를 특허로부터 찾아 적용 가능성을 검토한다.

첨부

신사업 기획하기

(※특허정보의 기여 제한적)

신사업 기획은 기업의 신 성장 동력을 발굴하는 것으로서, 미래지향적이고 불확실성이 높다. 앞서 살펴본, 보유 기술의 새로운 응용분야를 찾는 것과 비슷한 면이 있지만, 보유하고 있는 특정 기술에만 한정하지 않고 새롭고 유망한 사업 아이템을 찾는 점이 다르다.

성공 가능성이 높은 신사업을 찾으려면 많은 것을 고려해야 한다. 우수한 기술이 신사업 성공의 필요충분조건이 아니므로 비즈니스 모델, 투자, 경쟁자, 규제 등 다양한 측면을 검토해야 한다. 사실, 사업에 있어 새롭고 고도한 기술이 반드시 필요한 요소가 아닌 경우도 많다. 책, 의류 등 고전적인 사업 아이템으로도 경쟁력 있는 비즈니스 모델을 만들어 큰 성공을 거두는 경우를 어렵지 않게 볼 수 있다.

그러나 기술의 역할이 없거나 미미한 사업 분야는 특허분석이 사업기획에 중요한 역할을 하기 어려우므로 앞으로 논의하는 신사업은 기술이 중요한 비중을 차지하는 것에 한정하기로 한다.

기술 기반의 신사업은 비즈니스 모델, 사업화 시점, 실행력, 규제, 환경변화 대응 등과 함께 '기술'에 대한 신중한 검토가 필요하다. 연구개발 초기에 언론과 일부 전문가가 장밋빛 전망을 쏟아낸 기술도 상용화 수준의 성능을 확보하지 못하거나 예상하지 못했던 부작용의 발생, 양산기술 확보 실패 등의 기술 문제로 사업화가 실패하는 경우가 많기 때문이다. 특허의 기술정보로부터 기술의 수준과 발전전망을 분석함으로써 사업화에 기술이 걸림돌이 될지 판단해 볼 수 있다.

상용화 수준의 기술 확보에 선행되어야 할 것은 시장의 니즈에 부합하며 내가 잘할 수 있는 유망 사업 아이템을 찾는 것이다. 그렇지 않다면 우수한 기술과 멋진 비즈니스 모델도 소용이 없다. 기술 기반의 사업인 경우 특허를 분석하여 유망 사업 아이템을 찾는데 도움이 되는 정보들을 수집할 수 있다. 그러나 어떤 경우에도 특허정보에만 의존하면 안된다.

정리하면, 과거의 기술정보인 특허만으로 신사업 기획을 할 수는 없지만, 특허를 신사업 기획의 한 가지 유용한 도구로 활용할 수 있으며, 신사업 아이템 찾기와 기술의 상용화 가능성 판단에 유용하다.

현실에서 신사업 아이템 찾기

'열심히 찾는다고 해서 유망한 신사업 아이템을 찾을 수 있는 것이 아니다. 아무리 노력을 해도 찾아지지 않다가 우연하게 찾아지더라.' 기업의 신사업 담당 임원이 하신 말씀이다. 신사업을 찾는 것이 정말 어려운 일이며, 찾는 방법을 설명하기도 어렵다는 얘기다.

기업의 신사업은 그 기업에게 새로운 사업이다. 세계에 없던 새로운 사업일 수도 있고 이미 누군가가 영위하고 있는 사업일 수도 있다. 이미 선도기업이 있는 경우 사업 자제는 유망해도 새롭게 시작해서 선도기업보다 경쟁력을 확보하기 어렵다.

이미 주인이 있는 사업에서 기회를 찾으려면 변화를 주시해야 한다. 고객층의 변화, 유통채널의 변화, 기능의 추가, 새로운 제조기술을 개발, 제품 크기의 변화, 부품/소재의 변화 등 어떤 변화가 있을 때 기존의 질서가 깨지고 기득권이 약화된다. 이러한 변화를 한 박자 빨리 파악하고 제대로 대응하면 신규진입자도 기회를 잡을 수 있다.

그렇다면, 특허로 기존 사업의 변화를 감지할 수 있을까? 제조기술, 부품/소재, 성능수준, 응용분야 등 기술과 관련된 것은 특허에서 나타나는 시그널을 분석하여 파악이 가능할 것이다.

세상에 없던 새로운 사업 아이템을 찾으려면, 충족되지 않은 시장의 니즈와 니즈를 달성할 수 있는 기술에 주목해야 한다. 또한 현재 기술 수준, 사업화를 위해 필요한 투자와 기간 등에 대한 판단도 필요하다.

특허로, 세계 최초 사업 아이템에 대한 사업화 시그널을 감지할 수 있을까? 출원, 심사, 등록, 권리변동 등의 data로부터 사업에 대한 의지와 투자를 가늠해볼 수 있을 것이다.

신사업 아이템 도출

　신사업 아이템 도출을 위한 특허분석 전에 신사업의 관점을 분명히 할 필요가 있다. 이에 따라 특허를 분석하는 전략이 달라지기 때문이다.

오랜 기간 연구개발 투자와 사업화 실패의 리스크 감당 여부

핵심역량과 관련 없는 분야도 유망하다면 신사업을 추진할 것인지 여부

　오랜 기간 연구개발 투자를 감당하기 어렵거나 재정적으로 감당할 수 있다고 해도 원하지 않는다면, 경쟁이 예상되더라도 **기술의 완성도가 높고 사업화의 성공 가능성이 높은 아이템**이 적합하다. 사업화가 활발한 정도를 나타내는 특허의 지표 등을 분석하여 시그널을 포착할 수 있을 것이다.

　반면 남들보다 먼저 유망분야를 선점하여 높은 수익(High Return)을 얻는 것이 중요하다면 실패의 가능성(High Risk)도 포용해야 한다. 이런 경우엔 **기술의 완성도는 낮지만 개발이 완료되면 크게 유망할 것으로 예상되는 분야**를 찾아야 한다. 이러한 초기 단계의 기술은 찾기도 어렵고 판단의 불확실성도 더 높다.

보유한 핵심역량을 기반으로 하는가 여부도 중요한 고려사항이다. 핵심역량과 관계없이 우선 유망한 사업을 찾고 찾아낸 신사업이 기업의 핵심역량과 다르면 위탁개발, 인수합병 등 아웃소싱으로 핵심역량을 확보하는 방법도 있다.

물론 기업이 보유한 핵심역량을 기반으로 신사업을 추진하는 것이 새로운 핵심역량을 확보하는 것보다 용이하다.[56] 핵심역량을 외부에서 구했더라도 기업의 문화와 이질적인 경우 충돌이 발생하여 기업에 내재화하는 것이 상당히 어렵기 때문이다. 따라서 기업이 이미 보유한 핵심역량이 신사업에서 중요한 역할을 할 수 있는 신사업 아이템을 우선적으로 찾아보는 것이 좋다.

기업의 핵심역량을 기반으로 하는 신사업 아이템을 찾으려면 핵심역량이 무엇인지 정의하는 것에서부터 시작해야 한다. 정의된 핵심역량을 표현하는 다양한 기술용어를 찾아내고 이와 관련된 분야 특허로부터 조사한다. 반면, 기업의 핵심역량에 한정하지 않고 미래의 신 성장 동력을 찾으면 가능성의 범위를 넓힐 수 있다.

제지회사이던 노키아는 휴대전화 사업에 진출하여 1998년부터 13년간 시장점유율 세계 1위를 차지했으며, 설탕을 만들던 삼성은 반도체와 첨단 가전 등으로 사업을 확장하여 세계적인 기업이 되었다. 당시의 핵

---

[56] 핵심역량은 기술, 유통망, 디자인 등 다양한 것이 될 수 있지만 여기서는 기술만으로 한정한다.

심역량에만 집중했다면 결코 이룰 수 없는 성공이다.[57]

그러나 핵심역량을 벗어나면 검토의 범위가 한없이 넓어지므로 유망 분야를 찾는 방향성을 정하는 것이 중요하고도 어렵다.

설명한 두 가지 관점을 고려하면, 신사업 기획의 방향을 아래 그림과 같이 4가지로 구분할 수 있다.

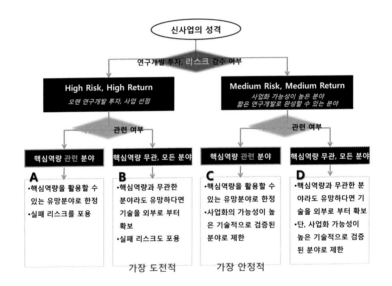

어떠한 포지션이든 그에 적합한 방법으로 유망 아이템들이 도출된 후, 어떤 것을 선정하고 어떻게 실행할 것인가에 대한 전략은 기업의 역량과 경영계획 등 내부환경, 시장, 경쟁자 등의 외부환경을 다각도로 고려해야 한다.

---

57 새로운 분야로 진출한 이후에 그 분야에서 핵심역량을 확보하지 못하면 경쟁우위를 유지해 나가기 어렵다.

기업의 핵심역량

기업의 핵심역량이란 무엇인가? 나노 단위의 미세 가공 기술, 특정 표면처리 기술, 대용량 데이터 처리 기술 등 다양한 것이 될 수 있다. 핵심역량은 경쟁사가 모방하기 어렵고 고객에 가치를 창출하며 그 기업의 여러 가지 제품에 적용되는 특징이다. 따라서 단순히 기업이 잘하는 것을 의미하는 것이 아니다.

핵심역량을 찾아내려면, 기업의 가치 사슬을 따라 기업의 가치창출 활동의 세부 항목을 도출하고 업계 경쟁자와 비교해 보고, 그것이 단일 제품에만 적용되는지 기업의 여러 제품군에 공통으로 적용되는지, 고객에게 제공하는 가치를 창출하는데 중점적인 역할을 하는지 분석해야 한다. 만약 핵심역량의 정의를 모두 만족시키는 것을 찾을 수가 없다면, 현재는 경쟁사와 유사한 수준이지만 미래에 업계에서 경쟁우위를 확보하는데 중요한 특성으로 판단되어 핵심역량으로 발전시키고 싶은 것을 선정할 수도 있을 것이다.

신사업을 핵심역량 관련 분야로 한정하면, 아이템 도출을 위한 특허분석의 범위도 핵심역량 관련 키워드로 제한하고 핵심역량보다 확장하고 싶다면 관심 분야를 폭넓게 검토한다.

신사업 아이템 발굴 방안 1.
기존 사업의 변화 시그널 감지

    기존 사업의 변화는 고객으로부터의 정보, 제품 판매 추이, 소비자 불만 등 다양한 경로로 감지될 수 있다. 특허는 변화를 감지할 수 있는 하나의 채널일 뿐이다.

    특허로부터 변화 시그널을 파악하기 용이한 이유 중 하나는 특허가 매우 체계적이며 정교한 기술 분류 시스템을 가지고 있기 때문이다. 특히 CPC(Cooperative Patent Classification)는 미국의 분류체계(USPC)와 유럽 분류체계(ECLA)를 통합한 특허분류체계로서 26만 개 이상의 기술코드로 구성되어 있으며 정기적으로 새로운 기술이 반영되고 있다.

    관심 제품에 대한 특허를 모아, 각 특허에 해당하는 CPC 코드를 뽑아보면 제품을 구성하는 기술을 알 수 있으며, 각 분류코드의 기술이 출원되는 추이를 분석하여 기술의 변화를 파악할 수 있다.

    예를 들어, 최근 3년 동안 타 기술에 비해 출원 건수가 크게 증가한 분류코드의 기술은 미래의 핵심 기술이 될 가능성이 높다. 이 기술이 적용되면 지금까지 성능문제로 사업화가 지지부진하던 특정제품 시장이 성장할 것임을 예측할 수 있고, 경쟁자들이 보다 먼저 이러한 변화를 알 수 있다면, 선도기업의 기득권을 흔들 수 있을 것이다.

다음은 특허분류코드를 분석하여 기존 사업의 기술관점의 변화 시그널을 찾는 과정이다.

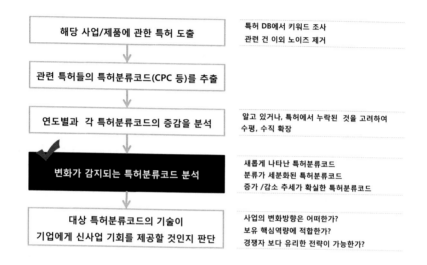

특허분류코드 분석으로 기술의 변화를 알아냈더라도, 이것이 시장에서 의미하는 바가 무엇인지 알아내는 통찰력이 있어야 사업 기회를 잡을 수 있다.

신사업 아이템 발굴 방안 2.
사업화 시그널 감지

특허 정보를 분석하여 아직 사업화 단계에 이르지 못했으나 가능성이 있는 사업 아이템을 찾는 방법이다. 초기 단계 기술은 사업화 성공 가능성을 예측하기도 힘들고 특허로부터 시그널을 찾기도 힘들다. 어느 정도 사업화를 위한 준비가 진행된 분야를 찾아내면 사업화 준비기간도 짧고 사업화 성공 가능성도 비교적 용이하게 검토할 수 있다. 다만, 남들이 이미 관심을 갖는 사업 아이템이고 다소 후발로 참여하게 되므로 경쟁에서 이길 수 있는 전략을 만들어야 한다.

특허로부터 사업화 시그널을 감지할 수 있는 이유는 특허의 출원, 등록, 분쟁 등이 사업화를 염두에 둔 활동이기 때문이다. 출원의 양, 출원의 증감 추세만 분석해도 사업화 추진의 정도를 어느 정도 파악할 수 있으며 특허 출원/등록 활동 외에도 사업화 시그널을 감지할 수 있는 특허 지표들이 있다.

- 특허권의 거래(양도/양수)
- 계속 출원
- 기업 출원인에 의한 출원 비율
- NPE(특허전문회사)의 특허 확보
- 패밀리 특허출원

• 특허 심판 등의 분쟁

　사업화에 필요한 기술이 없거나 개발하는데 시간이 오래 걸리는 경우 특허권 거래를 통해 사업화에 필요한 기술과 특허 권리를 확보하기도 한다. 예외적인 경우를 제외하면 특허권의 양수는 사업화 의지로 해석해도 무리가 없다. 따라서 특허권의 양도/양수가 활발한 분야는 사업화가 적극적으로 검토되고 추진되는 분야라고 할 수 있다.

　미국은 계속출원(CA), 부분계속출원(CIP) 제도가 있다. 발명의 개념에 대해 출원한 후 시간이 흘러 그 기술의 사업화가 추진되면 시장에서 원하는 바가 좀 더 명확해진다. 이때 원 출원의 개념을 구체화하고 시장에서 원하는 바를 추가하여 CA, CIP 출원을 할 수 있다. 따라서 CA, CIP가 활발한 분야는 사업화가 구체화 되는 분야라고 할 수 있다.

　어떤 분야의 기본 개념, 초기 기술에 관한 특허가 제안된 후 기초연구 단계에서는 대학과 연구기관의 연구 활동이 상대적으로 활발하며 상업화 단계에 근접하면 기업의 연구 활동이 활발해진다. 따라서 출원인 유형별 출원비율과 증감 정도를 분석하면 사업화 진행 정도를 추정해 볼 수 있다.

　NPE 즉 특허전문회사는 특허를 통해 돈을 버는 것이 수익모델이므로 사업화 가능성이 높은 기술에 관한 특허를 찾는데 전문적이다. 이들이 특허를 확보하는 분야는 사업성이 상대적으로 높다고 합리적으로 추정할 수 있다.

패밀리 특허 출원으로 주요국에 권리를 확보하는 비율이 높은 기술도 사업성이 높을 것으로 기대할 수 있다. 출원하는 국가가 늘어날수록 기하급수적으로 출원비가 증가하는데 사업화 가능성이 없거나 낮다면 많은 비용이 드는 해외출원을 할 이유가 없다.

특허권의 무효를 다투는 심판이 빈번한 분야도 사업화 측면에서 긍정적이다. 사업에 걸림돌이 된다는 판단과 사업화 의지가 맞물려야 이러한 다툼이 발생하기 때문이다.

특허 지표 분석으로 사업화 시그널을 감지하려면, 우선 분석의 범위를 정해야 한다. 신사업 후보들을 정하고, 그것들을 대상으로 분석하거나, 특허 빅데이터를 분석하여 신사업 후보를 찾는 것부터 시작할 수도 있다.

- 사업화 후보 기술·제품들을 갖고 있지 않고 **산업분야** 등 넓은 범주의 카테고리만 정했다면, **해당 산업분야에 관한 특허분류코드**[58]를 추출하고 사업화 시그널이 높은 분류코드를 찾아 관련 사업화 아이템을 도출하는 것이 가능하다.

- **기업의 핵심역량**과 관련된 사업으로 한정하되, 방향이 정해지지 않았

---

58 특허는 체계적이고 계층적인 분류코드 시스템을 가지고 있으며 특허가 출원될 때 전문기관에 의해 특허의 기술 내용에 맞는 분류코드가 부여된다. 예를 들어 경량 자동차를 만들기 위한 소재에 관한 기술이면 소재에 관한 분류코드와 자동차 차체에 관한 분류코드 등이 복수로 부여된다. 따라서 특정 기술/분야의 특허분류코드를 분석하면 기술 간 융합, 응용되는 분야, 세부 기술 등의 정보를 파악할 수 있다.

다면, 핵심역량에 대한 키워드나 특허분류코드를 도출하고, 이에 대한 특허지표를 분석하여 사업화 시그널이 높은 기술을 찾는다.

텍스트 마이닝을 이용한 사업화 시그널 감지

사업화 시그널과 관련된 특허지표를 분석하는 방법은 사업화 후보기술, 유망산업에 관한 특허분류코드 등 어떤 대상을 정해야 한다는 부담이 있다.

어느 분야인지는 모르지만 새롭게 등장하는 유망분야를 찾아내고 싶다면, 빅데이터, 인공지능 등 첨단기법을 활용할 수 있다. 특허 문서에 등장하는 키워드를 추출하여 키워드가 등장한 시점, 빈도가 증가하는 추세, 다른 기술 키워드와 연관관계 등을 분석할 수 있다. 특허에 언급되는 제품과 기술키워드를 매칭하면 제품별로 연구되는 기술을 알아낼 수도 있다.

이러한 기법으로 유망기술을 발굴하려는 시도는 다양하게 진행 중이며 빠르게 발전하고 있지만 아직 만족스러운 수준은 아닌 것으로 판단된다. 다르게 표현된 용어를 같은 카테고리로 인식, 기술과 관련 없는 용어 구분, 표현에 담긴 의미 추출 등의 여러 단계에서 완성도를 높여야 한다.

빅데이터 분석, 인공지능 기술이 발전하고 특허 데이터를 다루는 방법이 더욱 세련되어지면 특허정보로부터 유망기술, 사업화 아이템 등을 용이하게 찾을 수 있을 것이다.

신사업 아이템 발굴 방안 3.
니즈와 기술을 매칭(Brand New 사업기회 선점)

특허의 시그널로부터 사업기회를 발굴하는 데는 근본적인 어려움이 있다. 특허는 과거의 기술정보이므로 미래의 시장 트렌드를 추출하는데 한계가 있기 때문이다. 또한 최초로 시도되는 신사업은 일반적으로 실패의 위험이 크므로 위험을 줄이기 위한 고민이 필요하다.

아이템 선정 단계에서 사업 리스크를 줄이려면 최대한 시장의 니즈에 밀착해야 한다. 아직 경쟁자가 알아채지 못한 시장의 미충족 니즈를 구체화하고 그것을 구현할 기술을 찾아 신사업을 만들 수 있다.

시장의 니즈는 명백하나 기술문제로 충족되지 못한 경우도 있다. 이때는 기술의 발전 현황에 관심을 두고 그 기술이 니즈를 충족할 수준에 도달했는지 새로운 기술이 나타났는지 모니터링 해야 한다. 갑자기 가능하게 된 것(기술)과 절실하게 요구되는 것(니즈)의 접점에서 커다란 혁신이 일어나므로 이러한 접점을 남들보다 먼저 찾으면 새로운 사업기회를 선점할 수 있을 것이다.

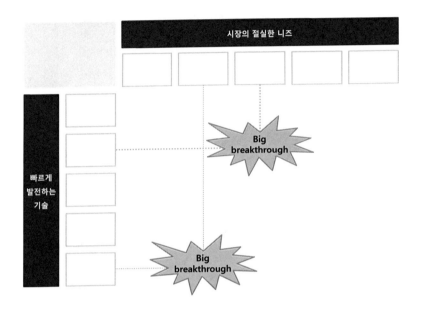

"Big breakthroughs are what happen when what is suddenly possible meets what is desperately needed." ⁵⁹

'절실한 요구'는 많은 사람들이 많은 기업들이 간절히 원하고 있으나 기술적인 문제, 환경적인 문제 등으로 충족되지 않은 시장 즉 소비자의 니즈이다. 예를 들면 매우 얇고 반복해서 구겨졌다 펼 수 있는 모바일 기기 같은 것이다. 소비자의 니즈는 공상과학 수준인 것에서부터 실용적인 것까지 다양할 것이나, 단지 이런 것도 되면 좋을 것 같은데 하는 수준이 아니라 그것이 없어서 매우 불편하고 가능하게 된다면 많은 사람들이 애용할 것이어야 한다.

---

59 by Thomas L. Friedman

갑자기 가능해진 것은 예전에는 기술적으로 불가능했으나 기술의 발달로 가능하게 된 것을 의미한다. 예를 들어 복합한 구조를 만들 수 있는 3D 프린팅 기술, 얇고 투명하면서 전기를 전도시키는 필름, 300도 이상의 고온을 견디는 경량 소재, 초소형 고성능 집적회로 등 기존보다 성능이 향상되고 새로운 성능을 구현하는 소재, 부품, 장치, 인프라 등이 이에 해당한다.

절실한 니즈와 이것을 실현할 수 있는 갑자기 가능해진 수단들을 남들보다 빨리 매칭시키는 것이 관건이다. 새로운 기술이 출현하자마자 그것이 사용될 다양한 응용분야를 쉽게 알 수 있을 것 같지만, 절실한 시장의 니즈와 갑자기 가능해진 수단이 만나는데 시간이 꽤 걸린 경우도 많다.

절실한 니즈에서 시작해서 갑자기 가능해진 수단을 찾을 수도 있고, 갑자기 가능해진 수단이 어떤 절실한 시장의 니즈와 관련이 있는지를 찾을 수도 있다. 다음 그림은 니즈를 찾는 것에서 시작해 갑자기 가능해진 기술을 찾아가는 과정이다.

환경분석	제품/서비스 설계	특허분석(기술)
절실한 시장 니즈 도출	**니즈 미충족 요인 분석**	**적합한 기술 도출**

- 현재 불편한 점, 필요한 기능 등
- 기술, 사회, 경제, 제도 등 거시적인 변화가 초래할 미래의 필연적인 시장 니즈

- 제품/서비스의 스펙 설계(기능, 성능, 크기 등)
- 기술적 요인 때문에 구현이 불투명한 스펙 도출

- 해당 스펙(기능, 성능, 크기 등)에 관한 특허를 수집하여 성능 수준, 연구개발집중도, 발전속도 등 분석
- 현재 또는 가까운 미래에 원하는 스펙을 달성할 수 있는 가장 적합한 기술 매칭

첫 단계인 시장을 창출할 매력적인 니즈를 찾는 것이 무엇보다 중요하고 어렵다. 시장의 니즈는 아직 가시화되지 않았거나 환경의 변화에 따라 이전에는 없었던 새로운 니즈가 발생할 수도 있다.

미래 지향의 절실한 시장의 니즈를 찾으려면 변화의 큰 흐름을 읽는 것이 중요하다. 4차 산업혁명 등 기술의 발전, 인구 변동, 제도 변화 등 사회 전반에 큰 변화를 가져올 요인들과 변화의 내용을 분석한다. 이때 멀티스크린 분석 등 6장의 '차세대 개발전략 구하기'에서 설명한 환경(니즈) 분석 방법 등을 활용할 수 있다. 큰 흐름을 파악하는데 전문가들에 의해 작성된 거시적 관점의 미래예측보고서도 도움이 된다.

또한 구글, 네이버, 페이스북 등 많은 사람들의 자유로운 의견이 모이는 인터넷 사이트에서 사람들의 욕망, 불만, 불안 등에 대한 정보로부터

현재의 숨겨진 니즈를 분석해 낼 수도 있다.

두 번째, 절실하고 매력적인 시장의 니즈를 제품이나 서비스로 구체화한다. 해당 제품/서비스의 스펙, 성능, 크기 등이 어떠해야 하는지 설계하는 것이다. 예를 들어 시장의 니즈가 '3차원 곡면 형상의 스마트 기기에 사용되는 반복해서 휘어지는 전력원'으로 도출되었을 때 이것이 사업화되려면 제품의 두께, 에너지밀도, 출력밀도, 휘어지는 곡률, 휘어짐 반복 회수, 탄성강도, 단위 가격 등의 스펙(specification)이 어떠해야 하는지 구체화한다.

그다음 이러한 설계요소 중 기술적으로 구현하기 어려운 것이 무엇인지 검토한다.[60]

세 번째, 해당 제품/서비스의 설계 중 기술적으로 구현하기 어려운 스펙에 대해 특허를 검색하여 현재 또는 가까운 미래에 원하는 스펙을 구현할 수 있는 기술들을 찾고 특허에 언급된 성능수준, 연구개발 집중도, 기술의 발전 트렌드 등을 분석하여 가장 적합한 기술을 선정한다.[61]

즉, 절실한 니즈를 구현하는데 문제가 되는 기술적 난제를 해결하는

---

60 만약 **기술적인 문제가 아니라 유통망, 제도 등이 문제라면 특허를 통해 신사업 기획을 하는 것이 부적합**하다. 표면적으로는 경제성이 문제이지만 결국 기술이 원인인 경우도 많다. 경제성을 갖출 만큼 대량생산을 할 수 있는 기술이 없거나 장치가 비싸다면 대량생산 기술이나 장치의 고비용을 유발하는 부품이 기술적 원인이다.

61 부품, 소재, 공정기술, 장치, 연산속도 등이 될 수 있다.

최근 가능해진 기술을 매칭할 수 있다.

특허정보를 활용하여 신사업 아이템을 구하는 프레임을 아래 그림에 정리하였다. 이미 살펴본 바와 같이 특허정보를 중심으로 아이템을 선정하고 설계를 구체화할 수도 있고 시장의 니즈 도출과 제품설계는 다른 방법으로 구하고 이것을 구현하는 기술을 특허로부터 찾아낼 수도 있다. 또한 신사업을 추진할 후보들이 있는 경우와 맨땅에서부터 아이템을 찾을 때 접근 방법이 다르다.

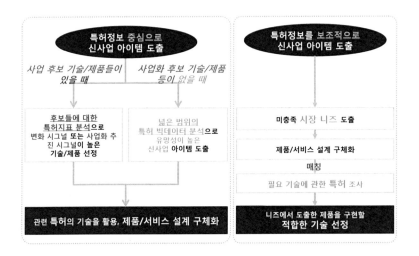

기술의 상용화 가능성 판단

신사업 대상인 제품/서비스의 성능이 상용화에 수준에 미치지 못할 때, 이를 극복할 요소기술을 도출하고 집중적으로 개발하여 신제품/서비스 개발에 성공할 수 있다.

그러나 때로는 상당한 노력에도 불구하고 좀처럼 상용화 수준을 달성하기 어려운 경우가 있다. 나중에 생각하면 3년 이내 상용화는 무모한 목표였음을 깨닫게 되기도 한다.[62] 사전에 기술개발 난이도, 상용화 가능 시점 등을 대략적으로 추론할 수 있다면 사업 계획 수립과 자원의 효율적 활용에 도움이 될 것이다.

특허로부터 특정 기술의 상용화 가능성을 판단하려면, 관련 특허 명세서의 상세한 설명 부분 중 실시예[63]에서 출원 당시 기술 수준을 판단할 수 있는 정보를 찾아야 한다. 이러한 정보를 연도별로 정리하고 추세선을 그리면 기술의 발전 과정과 미래 트렌드를 분석할 수 있다.

---

[62] 새로운 연구개발은 과거 연구자들이 쌓아 놓은 토대 위에서 발전한다. 만약 상당 기간 연구개발을 했음에도 기술 수준이 상용화와 거리가 멀다면, 초기 단계에서부터 오랜 기간 투자해야 하며 획기적인 혁신이 필요한 어려운 과제이거나 제한된 기간에 성취가 불가능한 과제일 가능성이 높다.

[63] 실험 조건, 시스템 구성, 실험 규모, 성능 값 등 해당 기술이 자세히 설명되어 있다.

만약, 사업화 가능한 성능 값이 1000이고 현재 최고 수준이 10인데 이 기술에 대한 연구개발이 지금까지 10년 이상 추진되었고 이제 출원 건수가 감소하는 상황이면, 수년 이내에 성능이 1000에 도달하기는 어렵다고 추론할 수 있을 것이다.

한편, 사업화 가능한 성능 값이 100이고 현재 최고 수준이 50 정도인데 이 기술에 대한 출원 건수가 증가하는 상황이면, 수년 이내에 성능이 100에 도달할 가능성이 상당하다고 합리적으로 예측할 수 있다.

중견기업 A사는 5년 후 본격화될 신사업을 기획하고 있다. 4차 산업혁명이 본격화되었을 때 활성화될 수 있는 산업을 찾기 위해 5년 후의 사회변화에 대해 전문가 의견을 수렴하고 미래 예측보고서를 검토하였다. 인공지능, 로봇 등의 기술로 산업생산성이 높아진 사회에서 사람들의 관심은 사람 자체 즉 건강, 미용, 즐거움 추구에 비중이 높아질 것이며 이 중 '건강'에 집중하기로 하였다.

특히 질병의 예방과 개인 맞춤형 의료에 대한 니즈가 커질 것으로 예상하여 이에 필요한 제품/서비스로서 개인의 건강 정보를 측정하는 나노 바이오센서를 신사업 아이템으로 도출하였다.

나노 바이오센서는 나노기술, 나노물질을 이용하여 미량의 특정 유전자, 단백질, 효소 등의 바이오 마커를 검출하는 제품이다. 나노 바이오센서는 중에서도 CNT(carbon nanotube) 바이오센서는 감도가 우수하고 검출을 위한 별도의 표지와 고가의 광학검출장비가 불필요하기 때문에 소형화에 적합하다.

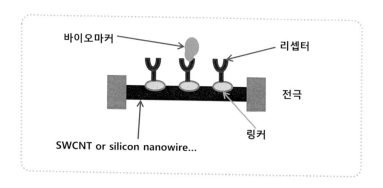

CNT 바이오센서는 CNT의 양단에 전극이 연결되고 전극 또는 CNT에는 타겟 바이

---

64 'QFD와 서지학적 분석을 이용한 기술사업화 기술 장애 요인 파악 및 예측_ 탄소나노튜브 바이오센서 사례' 2013

오마커와 선택적으로 결합하는 리셉터(인식물질)가 결합된 구조로 되어 있다. 바이오마커가 리셉터에 결합하게 되면 CNT의 전기적 특성이 변화하고 이를 통해 바이오마커를 검출한다.

CNT 바이오센서 기술은 아직 연구개발 초기 단계로 사업화를 위해서는 많은 기술적인 문제를 극복해야 한다. 센서의 오작동을 유발하는 지나친 민감성을 제어하기 위한 표면처리기술과 신호처리기술, 재현성 있는 센싱을 할 수 있도록 성능이 균일한 CNT를 합성하는 기술, 경제성을 확보할 수 있는 대량 합성 기술, 실제 샘플에 포함한 다량의 이온에 의해 민감도가 저하되는 디바이차폐 해결기술, 점도 높은 미량 시료를 빠르게 확산시키는 마이크로 유체확산 기술 등이 해결되어야 할 문제점들이다.

이중 성능이 균일한 CNT를 대량 합성하는 기술은 재현성 있는 센싱과 경제성 확보에 필수적인 핵심기술이다. 따라서 센서 디바이스 기술개발 이전에 CNT 제조기술이 상용화 수준에 도달 가능한지 검토해 볼 필요가 있다.

CNT 바이오센서가 상용화될 수 있을 정도의 성능을 확보하려면 합성된 CNT 중 특정 구조와 특정 전기적 성질인 것만 정제해야 한다. 이러한 특성은 '반도체성 SWCNT의 분리 순도'로 알 수 있다. 또한 상용화 가능한 경제성을 확보하려면 물질의 정제가 어느 수준 이상의 규모로 가능해야 한다. 이것은 '반도체성 SWCNT의 분리규모'로 확인할 수 있다.

'반도체성 SWCNT의 분리 순도'를 특허의 실시예에서 찾아 3년 이동평균65으로 나타내었다. 2004년 82%를 기점으로 지속적으로 증가하여 95%에서 머물고 있는 것을 볼 수 있다. 상용화를 위한 순도 최소치는 95%이며 용도에 따라 그 이상의 순도가 요구되기도 한다. 따라서 상용화 최소치는 만족하고 있으며 탐침이 인체에 삽입되는 일부 바이오센서는 99% 이상의 고순도를 요구하므로 이러한 제품을 타겟으로 한다면 기술 혁신이 필요하다.

---

65 데이터가 적고 값의 등락이 상당한 경우, 특이값에 의해 결과가 왜곡될 가능성이 높으므로 3년 이동평균을 사용함

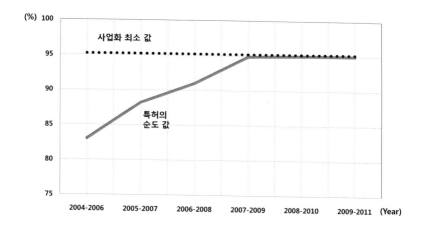

한편 '반도체성 SWCNT의 분리규모'에 대한 특허의 실시예의 3년 이동평균 값의 추세는 아래와 같다. 2000년 초반의 분리규모는 1~10㎎으로 실험실 수준이었으며, 이후 빠르게 증가하여 2007년에는 100㎎에, 2010년 초반에 150㎎에 도달하였다. 그러나 경제성 있는 양산을 위한 분리규모의 최소값은 10,000㎎으로 격차가 매우 크고 반도체성 SWCNT의 분리규모를 키우는 것이 매우 어렵다고 알려져 있었다. 따라서 가까운 미래에는 경제성 있는 양산이 불가능하며, 이를 위해서는 높은 수준의 혁신이 필요함을 알 수 있다.

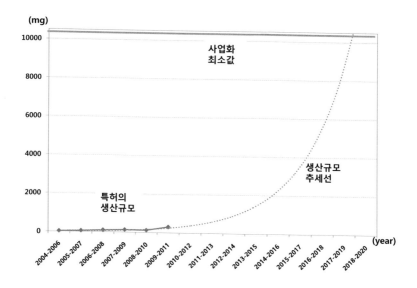

기술개발 성공 여부가 불투명하다고 신사업을 포기해야 하는 것은 아니다. **신사업이 얼마나 도전적인지 제대로 판단**을 해야 신사업 착수 여부, 출시계획, 투자규모 등 **신사업 기획을 합리적으로** 할 수 있다.

성공 여부가 매우 불확실한 과제는 기업의 모든 에너지를 투입하기보다 몇몇 과제를 병행하여 위험을 분산하는 것을 고려할 수 있다. 사업화를 위한 최소값과 현실이 격차가 매우 크면 연구개발전략에 맞춰 열심히 자체개발을 함과 동시에 그 기술 분야에서 일어나는 혁신에 매우 주의를 기울여 유연하고 신속하게 전략을 조율할 필요가 있을 것이다.

연료전지는 10여 년 전 국내외 대기업이 수년 내 사업화를 목표로 막대한 투자를 했던 분야이며 거의 100년 동안 유망기술로 관심을 받아온 기술이나 아직 본격적인 상용화 단계에 이르지 못했다.

연료전지에 사용되는 촉매가 백금 등 귀금속으로 고가이며, 구동 온도에 도달하는 데 시간이 걸려 기다리는 시간이 필요하고, 전극 사이를 구분하여 유체의 통로가 되는 세퍼레이터의 가격과 내구성 등 상용화를 위해 극복해야 할 문제가 많았다.

어떤 기술의 경쟁기술이 명확한 경우 상용화의 기준은 경쟁기술이다. 자동차용 연료전지의 경쟁기술은 내연기관이고 모바일용 연료전지의 경쟁기술은 리튬이온 전지이다. 즉 경쟁기술만큼의 핵심 성능과 경제성을 확보해야 본격적인 상용화가 가능한 것이다. 당시 연료전지의 원가를 계산해 보면 수백 배 이상 원가를 낮춰야만 내연기관과 겨룰 수 있었다.

관련자들은 직감적으로 상용화가 매우 어렵겠다는 것을 느껴도 최고 경영자가 수년 내 사업화를 하겠다는 결정을 하면, 객관적인 분석보다 긍정적인 점만 부각하여 경영자의 생각에 맞추기도 한다.

대기업의 기획부서도 예외는 아니다. 몇 년간 연료전지 사업화를 집중 추진했으나 내연기관과 경쟁할 수 있는 경제성, 효율, 편리함을 갖춘 자동차용 연료전지를 개발하지 못했으며, 리튬이온 전지처럼 슬림하고 경제적인 모바일용 연료전지를 개발하는 것에도 성공하지 못했다.

각 제품의 핵심 스펙을 도출하고 관련 핵심기술을 정의한 다음, 특허로부터 핵심기술의 수준과 기술의 발전 속도를 분석하고 객관적으로 판단하였다면, 수년 내 상용화보다는 중장기적인 사업화 계획이 적합하다는 것을 알 수 있었을 것이다.

도전적인 목표를 설정하고 긍정적으로 추진하는 것 자체는 바람직하나 객관적인 분석 제시를 도전적이지 않다는 것으로 폄하하고 한 방향으로 무조건 전진하도록 하는 것은 옳지 않다. 기술개발의 난이도와 혁신성을 객관적으로 판단하는데 특허 정보가 유용하게 활용될 수 있다.

이 책은 기술, 특허, 경영 등 학교와 직장에서 얻은 배움과 경험을 종합한 것입니다.

특허전략 최고기관인 한국특허전략개발원에서 IP-R&D를 함께 고민하고 발전시키고자 하는 전문위원 여러분들, 다양한 공학적 지식과 경험을 쌓고 특허에 대해 핵심적인 것을 배울 수 있도록 도움을 주신 삼성SDI의 여러분들, 지금까지의 커리어에 튼튼한 바탕이 된 과학 지식과 과학적 사고, 연구자의 자세를 가르쳐주신 포항공대 교수님과 선후배님들, 좁고 깊게만 보는 것에서 벗어나 시야를 넓혀준 성균관대 기술경영 교수님들과 선후배 동료분들께 감사의 마음을 전합니다.

책의 완성도가 높아지도록 책을 검수해주신 ㈜소재의 맥 김재환 전문님, 한국특허전략개발원의 박승훈 전문위원, 백은주 주임연구원께 감사를 드리며, 항상 내가 하는 일을 응원해주고 자랑스러워하는 남편과 딸들에게 특별한 감사를 드립니다.